아동수학교육

박정민 I 박미경

창지사

들어가는 말

엄마가 간식으로 "과자하고 우유 먹을래?" 라고 물어 본다면 유아는 자신의 의사를 말로 표현할 수 있어야 한다. "네." 라고 말하면 엄마가 선택하여 과자와 우유를 주시만, "나는 초코과자하고 딸기우유 먹을래요." 하면 자신이 원하는 과자와 우유를 먹을 수 있다. 또 더 많이 먹기 위해 "과자를 더 주세요." 라고 말하면 1개의 과자를 얻지만, "과자를 2개 더 주세요." 라고 말하면 2개의 과자를 얻을 수 있다. 이런 상황이 반복되면 유아들은 어떻게 말하면 자신이 원하는 것을 얻게 되는지를 경험한다.

원하는 것을 얻기 위해 영유아들은 일상생활 속에서 적극적으로 사물을 이해하고 활용하는 방법을 배우고, 추상적인 언어를 배우기 시작하며, 논리의 기초인 많다, 적다를 구분하고 1, 2, 3 수를 배운다.

영유아들이 일상생활 속에서 수를 이해하고 다루는 것은 자연스러운 일이지만, 이러한 자연스러움 안에 유아교사의 훌륭한 수학 교수 능력이 더해진다면, 영유아들은 자신의 필요에 의해 1, 2, 3, 4, 5 수를 배우고, 일상생활에서 활용하면서 수를 사용하는 것을 즐길 수 있을 것이다.

이 책은 유아교사가 되어 가르칠 수많은 미래의 어린 제자들에게 발달에 적합하고 자연스러운 그리고 재미있는 수학활동을 제시해 줄 수 있는 교사들을 길러 내기 위해 계획되었다.

이 책의 1부 1, 2장에서는 아동수학교육의 필요성과 표준보육과정, 누리과정에서 제시하는 아동수학교육의 내용에 대해 다루었다. 3장에서는 아동수학교육 내용을 상세히 제시하고, 예시를 들어서 이해하기 쉽도록 자세히 설명하였다. 4, 5장에서는 아동수학교육의 통합적 접근과 환경구성에 대해 소개하였고, 6장에서는 아동수학교육의 평가에 대한 내용을 다루었다.

또한 이 책의 2부에서는 교사가 영유아와 실행할 수 있는 아동수학활동의 실제를 소개하였다. 각 수학활동의 난이도를 고려하여, 만 0~2세 영아용과 만 3~5세 유아용으로 나누어서 연령별로 적합한 활동을 전개할 수 있도록 제시하였다. 특히 실물이나 도구를 통해서 배우는 영유아의 특성에 맞추어 아동수학활동이 전개될 수 있도록 각 수학활동 수행 시 영유아에게 보여 주고, 내어 줄 수학 교재교구를 제작하는 설명을 자세히 제시하였다.

부족한 내용의 책이지만, 예비 유아교사들에게 아동수학활동을 전개하는 교수 능력 신장에 도움이 되길 바라는 마음 간절하다. 또한 이 책을 출판하여 주신 창지사 사장님께 감사드리며, 훌륭한 편집을 해주신 편집진의 노고에도 깊이 감사드린다.

저자 일동

차례

PART 1 아동수학교육의 이론

PART 2 아동수학교육의 실제

8장 만 3, 4, 5세 유아 수학교육활동의 실제

PART 1

아동수학교육의 이론

1 아동수학교육의 기초

1 영유아 수학교육의 의의 및 태도

수학이란 우리의 일상생활 속에 늘 존재하며, 인간이 살아가면서 경험하는 실제적인 문제를 해결하는 중요한 수단이다. 수학은 학문의 기초가 되는 주요 교과목으로 사전적 의미는 '물건을 헤아리거나 측정하는 것에서 시작되는 수(數)·양(量)에 관한 학문'이다(위키백과사전, 2014). Shaw와 Blake(1998)에 의하면 '수학은 일상생활 속에서 규칙성을 지각하고, 자료를 이해하며, 올바른 판단과 행동을 하게 하는 것'이다. 즉, 단순한 계산 기술뿐만 아니라 인간의 경험을 조직화하고 주변을 다루는 방법까지도 포함하고 있다(문연심, 2010). 예를 들어 물건을 사면서 돈을 지불하고, 집을 짓거나 요리를 하면서 측정을 해보는 과정을 통해서 우리는 수학을 사용하고 그 개념을 이해하게 된다.

영유아들이 살아갈 미래 사회에서는 건축, 의료, 예술 등의 다양한 직업분야에서 한층 더 고도의 전문성을 지닌 수학능력이 요구되고 있다. 수학적 능력은 개인 및 국가의 경쟁력 강화를 위해 필수적인 능력이 된 것이다. 특히 최근에는 세계적인 뇌 인지과학 연구자들로 인하여 영유아기 수학적 경험의 중요성에 대해 더욱 새롭게 인식하게 되었다. 영유아들은 민감성을 가지고 태어나며, 수학적 개념을 능동적으로 획득하고 있을 뿐 아니라 일상생활이나 놀이를 통해 수학적 관계를 탐색하고 나름대로 수학적 지식을 보이고 있음을 보고하고 있다(Mix, Hutenlocher, & Levine, 2002). 또한 영유아기는 수학에 대한 흥미와 태도를 형성하는 결정적 시기로 이때 형성된 수학적 흥미와 태도는 성장 후에도 쉽게 변하지 않는다. 따라서 영유아의 수학교육은 아주 어린 시기부터 이루어져야 한다는 것이다.

그러나 교사로서 수학교육을 가르치기 전에 수학을 배우던 경험을 떠올려보면 수학공포증이라는 말이 있을 정도로 수학은 많은 학생들이 가장 싫어하거나 어려워하는 과목이기도 하다(Smith, 1997). 우리나라 예비교사와 현직교사의 수학에 대한 태도와 관련된 연구 결과에서도 수학에 대한 필요성과 중요성은 인식하고 있으면서도 수학에 대한 자신감이나 흥미를 갖지 못하며, 수학을 하고 싶다는 동기 부분에서 매우 부정적이라는 연구결과가 보고된 바 있다(한종화, 2011).

실제로 영유아교육기관 현장에서 교사들은 수학과 수학교육에 대해 다음과 같은 잘못된 인식을 가지기도 한다(문연심, 2010; 홍혜경, 2010).

- 수 세기를 잘 하면 수 개념이 확립된 것으로 보는 경향이 있다.
- 수학은 더하기와 빼기이다.
- 수학교육을 위해서는 종이와 연필이 필요하다.
- 수학은 음악, 미술, 문학 등의 활동과는 관계가 없다.
- 수학은 꼭 수·조작놀이 영역에서만 이루어진다고 생각한다.
- 아동중심이 되어야 함으로 수학교육에서 교사의 계획과 의도는 배제되어야 한다.

이상과 같은 수학과 영유아 수학교육에 대한 잘못된 인식은 교사의 수학교육에 대한 전문 지식 부족과 수학교육 자체를 어렵게 생각하는 태도가 원인이 될 수 있다. 교사가 지니고 있는 전문적인 지식뿐만 아니라 교사의 몸에 밴 가치관과 태도는 은연중에 영유아의 삶에 영향을 미치고 심지어 변화시킬 수 있다(Borden, 1993). 따라서 교사로서 수학교육 자체에 대해 어렵게 생각하고 있다면 자신의 수학적 경험을 되돌아보고 수학에 대한 태도를 긍정적으로 변화할 수 있도록 노력해야 할 것이다.

2 영유아의 수학적 개념 발달

영유아는 주변 환경과의 상호작용을 통해 수학적인 개념을 이해하고 기술을 학습하는데 적극적으로 참여하면서 수학적 사실을 발견하고 수학 개념을 습득해 나간다. 이러한 수학적 개념의 발달은 영아기부터 시작한다. 영아는 오감각을 이용하여 주변 세계를 탐색하면서 크기, 무게, 형태, 시간, 공간 등의 수학적 개념을 학습하기 시작한다. 특히 만 2세 영아들은 눈과 손의 협응력이 점점 발달하여 주변의 물체를 집중적으로 탐색하며 컵이나 탑을 쌓을 수 있으며 관련 있는 것과 짝짓기, 1:1 대응하기, 4~5조각 퍼즐도 가능하다(Boyd, 2006). 이처럼 영아기에 습득한 수학의 기본 개념은 유아기의 새로운 기본 개념과 개념 적용에 기초가 된다(Charlesworth & Lind, 2006).

유아기에는 점차 의사소통이 원활해지면서 보다 다양하고 복잡한 수학적 탐구가 가능해진다. 만 3세 유아는 사물을 보고 1에서 4까지 셀 수 있으며, 마지막으로 센 수가 사물의 전체 양을 의미한다는 것도 알 수 있다. 도형의 크기와 방향도 인식하며 길이나 무게를 비교할 수도 있다. 만 4세 유아는 수 세기를 좋아하며 사물을 보고 10까지 셀 수 있고 1~9의 반복되는 규칙도 점차 이해한다. 구체물을 활용하여 더하기와 빼기도 할 수 있으며 도형에 대해 명명하고 새로운 도형도 만들 수 있다. 다음에 오는 패턴 모양도 예측할 수 있으며, 길이, 크기 등에 따라 순서 짓기도 할 수 있고, 구체물을 사용하여 실물그래프도 만들 수 있다. 만 5세 유아는 1~100까지의 수 체계를 이해할 수 있고 계속 세기, 거꾸로 세기, 묶어 세기 등이 가능하며, 덧셈·뺄셈의 연산문제를 언어로도 풀 수 있다. 도형의 다양한 형태뿐 아니라 속성도 설명할 수 있으며 대칭도 만들 수 있다. 또한 줄이나 끈으로 측정할 수도 있고 표준측정도구의 사용도 가능하며 새로운 패턴을 구성하거나 감소 또는 확장되는 패턴도 만들 수 있다. 둘 이상의 기준에 의한 복합분류도 가능하며 이를 그림이나 막대그래프로 나타내고 수를 세어 비교할 수 있다(홍혜경, 2010).

이와 같은 영유아의 수학적 개념 발달 내용을 연령별로 제시하면 다음과 같다.

표 1-1 영유아의 연령별 수학적 개념 발달 내용

수학적 개념	만 0~1세	만 2세	만 3세	만 4세	만 5세
수	• 수량에 대한 인식(수 세기 시작)	• 수량에 대한 인식(1~3 수 세기, 1:1 대응하기)	• 수 세기(1~10 말로 수 세기, 1~4 물체 세기) • 수 비교(많고 같음 인식하기, 처음과 마지막 이해하기) • 연산(하나 더하기나 빼기)	• 수 세기(1~30 말로 수 세기, 일 단위 규칙 이해하기, 5부터 거꾸로 세기, 다른 수부터 세기, 1~10 물체 세기) • 수 비교(1~5까지 양 비교하여 수 세기,더 많고, 적고, 같고 어휘 사용하기, 첫째~다섯째 이해하기) • 연산(4까지 더하기, 1~4 빼기) • 나누기(10을 동등하게 둘로 나누기)	• 수 세기(1~50 말로 수 세기, 일 단위와 십 단위 규칙 이해하기, 10부터 거꾸로 세기, 10씩 세기, 1~20 물체 세기) • 수 비교(1~10 숫자 쓰기, 1~10까지 양 비교하여 수 세기, 첫째~열째 이해하기) • 연산(10까지 더하기, 빼기) • 나누기(5씩, 10씩 묶기, 20까지 2~5로 나누기)
도형	• 기본 도형 탐색(한 조각의 도형)	• 기본 도형 인식(3~4조각 퍼즐)	• 도형 인식(같은 도형 짝 짓기) • 도형 합성(5조각 도형을 합성) • 공간(아래, 옆 등 어휘 이해)	• 도형 인식(같은 도형의 특성 인식, 명명하기, 평면도형 구성하기, 도형의 부분과 전체 맞추기) • 도형 합성/분할(입체도형으로 쌓기, 평면도형 분할하기) • 변환(선/회전 대칭을 비형식적으로 구성하기)	• 도형 인식(다른 도형의 특성 인식하고 설명하기 - 육각형, 마름모, 평행사변형 등) • 도형 구성(평면도형 구성, 그리기) • 도형 합성/분할(평면 도형을 합성하고 분할) • 변환(복잡한 패턴 그리기, 회전하여 그리기)

수학적 개념	만 0~1세	만 2세	만 3세	만 4세	만 5세
측정	• 크기 비교(크기 다른 것 쌓기)	• 크기 비교(크기 순서대로 쌓기, 더 크고 더 작은 비교하기)	• 측정개념(비교어휘 사용하기, 측정 속성 인식하기)	• 측정개념(비교어휘 사용하기, 길이 대보고 비교하기, 면적 포개놓고 비교하기) • 측정기술(비표준화된 단위 사용하기)	• 측정개념(속성에 따라 물체를 명명, 비교하기, 길이 줄이나 끈으로 비교하기, 임의 단위 면적 사용하기, 부피, 무게, 시간 속성 인식 및 비교하기) • 측정기술(비표준화된 단위로 반복적 측정하기, 표준 측정도구 '자' 탐색적 사용하기)
규칙성	• 패턴모방(반복되는 동작 따라하기)	• 패턴모방(간단한 패턴 모방)	• 패턴인식(색 또는 크기 패턴 인식하기)	• 패턴인식(반복적 패턴 인식 및 따라 놓기, 다음에 올 패턴 예측하기)	• 패턴구성(패턴 구성 및 변화하기, 감소 및 확장 패턴 만들기)
자료 분류 및 수집	• 짝 맞추기(같은 것 인식)	• 짝 맞추기(같은 것 짝 짓기)	• 분류(같은 것끼리 모으기, 실물과 같은 그림 짝 짓기)	• 분류(특성에 따라 범주화하기) • 자료표상(구체물 사용하여 그래프로 나타내기)	• 분류(두 가지 이상의 속성으로 분류하기) • 자료표상(그림, 상징 그래프로 나타내기)

출처 : 홍혜경(2010). 영유아를 위한 수학교육. pp.50~65 재구성.

3 영유아 수학교육의 방향

수학은 우리의 생활과 밀접한 관계를 갖고 있으며, 영유아가 자신의 환경에 대한 이해를 증진시키는 데 매우 중요한 역할을 한다. 교사들은 수학교육의 첫 단계라고 할 수 있는 영유아기부터 수학교육의 의미와 중요성을 인식하고, 적절한 수학 경험을 제공해야 할 것이다.

홍혜경(2010)은 사회적인 변화에 따라 영유아 수학교육의 필요성에 있어 다음과 같은 점이 새롭게 대두되고 있다고 하였다.

① 정보화 사회로의 변화가 수학적 능력의 활용범위를 넓혔을 뿐만 아니라 기초 능력으로써 수학 능력의 중요성을 인식시켰다는 점
② 영유아들은 이미 일상생활이나 놀이상황에서 많은 수학적 경험을 하고 나름대로 비형식적 지식을 획득하고 있으므로 영유아기에 수학 학습을 위한 풍부한 기회와 도전을 제공해야 한다는 점
③ 영유아들이 수년간 영유아교육기관에 다니게 되므로 보다 체계적이고 발달에 적합한 수학교육의 제공이 필요하다는 점
④ 영유아들에게 풍부하지 못한 수학적 경험과 환경이 제공된다면 초등학교 취학 후 수학 성적이 낮다는 문제점

요약하면 영유아 수학교육의 최근 동향은 현대 사회의 변화에 따라 수학교육이 매우 중요하고, 이를 위해 영유아기부터 풍부하고 다양한 수학활동을 할 수 있도록 기회를 제공하여야 하며, 영유아의 발달에 적합한 형태로 제공해야한다는 것이다.

이와 같은 입장에서 영유아 수학교육이 나아갈 방향을 정리하면 다음과 같다(윤애희, 박정민, 2009; 한유미, 2014; 황의명, 조형숙, 서동미, 2013).

첫째, 영유아기부터 충분한 수학활동을 경험함으로써 수학적 소양, 즉 일상생활에서 수학을 이해하고 수학적 기술을 사용하는 능력을 길러주도록 해야 한다. 현대 정보화 사회에 적응하기 위해서는 영유아에게 지식과 정보의 변화에 대처하는 것뿐만

아니라 그 변화를 능동적으로 주도할 수 있는 수학적 소양이 필수적으로 요구된다. 그러므로 영유아 수학교육은 영유아들의 수학에 대한 흥미를 느끼고 영유아에게 지식과 정보의 변화에 대처하는 것뿐만 아니라 그 변화를 능동적으로 주도할 수 있는 수학적 소양을 길러주도록 해야 한다.

둘째, 영유아가 능동적으로 수학활동에 참여함으로써 스스로 수학적 지식을 구성할 수 있는 방법으로 실시하도록 해야 한다. 영유아기 수학교육은 영유아의 논리-수학적 사고능력을 기르는 데 큰 목적이 있다. 따라서 논리-수학적 지식을 잘 형성하도록 영유아가 수학 개념에 대한 이해과 구조가 형성되어 가는 과정에 중점을 두어야 한다. 이를 위해서는 암기, 반복, 설명이나 교사 주도의 수학교육은 바람직하지 못하며, 영유아 스스로 관찰, 조작, 분석, 종합해 볼 수 있는 수학활동의 기회를 충분히 제공하고 수학적 개념에 근거한 교재교구 제공 등 풍부한 환경을 마련해야 할 것이다.

셋째, 발달적으로 적합한 영유아 수학교육을 실시하도록 해야 한다. 예를 들면, 영유아에게는 수학 관련 학습지 활동은 부적절하며, 영아기는 구체적 물체의 탐색을 중심으로 시작하고 유아기에는 한 가지 준거에 따라 물체를 분류하다가, 그 준거의 수를 늘리고, 분류한 결과를 보고 그 준거를 유추해 보는 등의 활동으로 확장하는 것이 적절하다.

넷째, 영유아기 수학교육은 수학적 능력의 토대를 구축하는 것이므로 계산능력 보다는 어림셈, 공간과 도형, 측정, 패턴, 자료 수집과 분류 및 통계 등 폭넓은 내용을 포함해야 하며, 이들 수학적 개념이 상호 연관되어 다루어져야 한다(김숙령, 2000; 이경우, 1997).

다섯째, 영유아 수학활동은 영유아의 일상생활과 관련된 내용에 기초를 두도록 해야 한다. 형식적인 수학교육을 위해 특별히 시간을 마련하기보다 영유아기에는 일과(예: 간식, 정리정돈 시간)를 통해 이루어지는 것이 바람직하다. 실생활을 통해 수학활동을 경험할 때 자연스럽게 수학적 개념을 습득 할 수 있으며, 수학이 일상생활의 문제해결 도구로 활용될 수 있음을 인식할 수 있기 때문이다.

여섯째, 영유아 수학교육이 하루 일과 중 자연스럽고 즐겁게 통합적으로 이루어질 수 있도록 배려해야 한다. 수학활동은 수학영역에서만 이루어지는 것이 아니다. 과학영역이나 언어영역, 미술영역, 음률영역 등 각 영역에서 다양한 형태로 경험될 때 수학활동은 더욱 흥미 있고 의미 있게 학습이 될 수 있다. 즉, 수학영역 외에 다른 흥미영역에서도 수학적 활동이 일어날 수 있도록 공간을 배려해 주고, 동화, 동시, 동극, 게임, 동작 등 다양한 집단활동에서도 수학적 활동이 일어날 수 있도록 구성하는 것이 좋다.

2 국가수준 교육과정에 따른 아동수학교육

영유아를 위한 국가수준 교육과정은 2012년 7월 고시된 '3~5세 연령별 누리과정'과 2013년 1월 고시된 '제3차 어린이집 표준보육과정'을 들 수 있다. 국가 수준에서 영유아들에게 제공하는 수학교육의 내용도 표준보육과정과 누리과정에서 찾아 볼 수 있다. 표준보육과정과 누리과정에서의 수학교육은 자연탐구 영역에 해당한다. 이 영역은 '탐구하는 태도 기르기', '수학적 탐구하기', '과학적 탐구하기'로 나눌 수 있다. 이 장에서는 수학교육의 내용과 관련이 있는 '탐구하는 태도 기르기'와 '수학적 탐구하기'를 중점으로 살펴보고자 한다.

1 제3차 표준보육과정(0~2세)에 나타난 수학교육의 내용

1) 제3차 표준보육과정에 나타난 영아를 위한 수학교육의 내용

영아를 위한 수학교육의 내용을 살펴보기 위해 표준보육과정에 나타난 수학 관련 내용을 살펴보고자 한다. 2013년 1월 21일에 개정된 제3차 표준보육과정은 어린이집의 만 0~2세 영아들에게 국가수준에서 제공하는 보편적이고 공통적인 보육의 목표와 내용을 제시한 것이다. 모든 영유아교육기관은 표준보육과정에 따라 영아를 보육하도록 노력하여야 한다.

표준보육과정의 수학 관련 내용은 '자연탐구' 영역에서 찾아볼 수 있다. '자연탐구'

영역에서 수학 관련 내용은 0~1세 보육과정, 2세 보육과정으로 크게 구분되며, 각 연령별 보육과정은 수준별 세부내용으로 구성되어 있다. 즉, 0~1세 보육과정은 4개의 수준, 2세 보육과정은 2개 수준으로 세부내용이 구성되어 있다. 구체적으로 표준보육과정 중 '자연탐구' 영역을 살펴보면 다음과 같다(보건복지부, 육아정책연구소, 2013).

(1) 목표

영아는 주변 사물과 자연환경을 지각하고 인식하다가 점차적으로 감각경험을 통해 개인적 의미를 구성해 가는 탐색활동을 하게 된다. 영아는 탐구를 통해 자신의 이해를 정교화하고, 새로운 환경과 상황에 이를 적용할 수 있다.

(2) 내용

자연탐구의 내용은 '탐구하는 태도 기르기', '수학적 탐구하기', '과학적 탐구하기'로 구성된다. '탐구하는 태도 기르기'는 태도와 기술에 관련되며, '수학적 탐구하기'와 '과학적 탐구하기'는 지식 구성에 관련된다. 여기에서는 수학 관련 내용인 '탐구하는 태도 기르기', '수학적 탐구하기'에 대해 살펴보도록 한다.

① 0~1세 자연탐구 영역

보고, 듣고, 만지면서 주변 환경에 관심을 가진다.

- 주변 사물에 대한 탐색을 시도한다.
- 주변에서 일어나는 수학적 상황을 지각한다.
- 감각과 조작을 통하여 주변 사물과 자연환경에 대해 지각한다.

내용체계

<table>
<tr><th>내용범주</th><th>내용</th></tr>
<tr><td rowspan="2">탐구하는 태도 기르기</td><td>사물에 관심 가지기</td></tr>
<tr><td>탐색 시도하기</td></tr>
<tr><td rowspan="4">수학적 탐구하기</td><td>수량 지각하기</td></tr>
<tr><td>주변 공간 탐색하기</td></tr>
<tr><td>차이를 지각하기</td></tr>
<tr><td>간단한 규칙성 지각하기</td></tr>
</table>

세부내용

0~1세를 대상으로 하는 수학 관련 내용을 4개의 수준으로 구분하여 제시하면 다음과 같다.

<table>
<tr><th>내용범주</th><th>내용</th><th>1수준</th><th>2수준</th><th>3수준</th><th>4수준</th></tr>
<tr><td rowspan="2">탐구하는 태도 기르기</td><td>사물에 관심 가지기</td><td></td><td colspan="3">주변 사물에 관심을 가진다.</td></tr>
<tr><td>탐색 시도하기</td><td>나와 주변 사물을 탐색한다.</td><td colspan="3">주변의 사물에 대해 의도적인 탐색을 시도한다.</td></tr>
<tr><td rowspan="5">수학적 탐구하기</td><td>수량 지각하기</td><td></td><td>있고 없는 상황을 지각한다.</td><td>'있다'와 '없다'를 구별한다.</td><td>'한 개'와 '여러 개'를 구별한다.</td></tr>
<tr><td rowspan="2">주변공간 탐색하기</td><td></td><td colspan="3">도움을 받아 주변의 공간을 탐색한다.</td></tr>
<tr><td colspan="4">주변 사물의 모양을 지각한다.</td></tr>
<tr><td>차이를 지각하기</td><td colspan="2"></td><td colspan="2">주변 사물의 차이를 지각한다.</td></tr>
<tr><td>간단한 규칙성 지각하기</td><td colspan="2"></td><td colspan="2">일상과 놀이에서 간단한 규칙성을 경험한다.</td></tr>
</table>

② 2세 자연탐구 영역

주변 환경에 호기심을 갖고 탐색하기를 즐긴다.

- 호기심을 가지고 주변 세계에 대해 다양하게 탐색한다.
- 주변에서 경험하는 수학적 상황을 인식한다.
- 다양한 탐색을 통하여 주변 사물과 자연환경을 인식한다.

✩ 내용체계

내용범주	내용
탐구하는 태도 기르기	호기심 가지기
	반복적 탐색 즐기기
수학적 탐구하기	수량 인식하기
	공간과 도형에 관심 가지기
	차이에 관심 가지기
	단순한 규칙성에 관심 가지기
	구분하기

✩ 세부내용

2세를 대상으로 하는 수학 관련 내용을 2개의 수준으로 구분하여 제시하면 다음과 같다.

내용범주	내용	1수준	2수준
탐구하는 태도 기르기	호기심 가지기	주변 사물과 자연세계에 호기심을 가진다.	
	반복적 탐색 즐기기	관심 있는 사물을 반복하여 주도적으로 탐색하기를 즐긴다.	
수학적 탐구하기	수량 인식하기	많고 적음을 구별한다.	

<table>
<tr><th>내용범주</th><th>내용</th><th>1수준</th><th>2수준</th></tr>
<tr><td rowspan="8">수학적
탐구하기</td><td rowspan="2">수량 인식하기</td><td>두 개가량의 수 이름을
말해 본다.</td><td>세 개가량의 구체물을 말하며
세어 본다.</td></tr>
<tr><td colspan="2">구체물을 일대일로 대응해 본다.</td></tr>
<tr><td rowspan="2">공간과 도형에
관심 가지기</td><td colspan="2">나를 중심으로 익숙한 위치, 장소를 인식한다.</td></tr>
<tr><td colspan="2">주변 사물의 모양에 관심을 가진다.</td></tr>
<tr><td>차이에
관심 가지기</td><td colspan="2">주변 사물의 크기(속성의 차이)에 관심을 가진다.</td></tr>
<tr><td>단순한 규칙성에
관심 가지기</td><td colspan="2">주변에서 단순하게 반복되는 규칙성에 관심을 가진다.</td></tr>
<tr><td>구분하기</td><td colspan="2">주변 사물의 같고 다름에 따라 구분한다.</td></tr>
</table>

2) 영아 수준에 따른 교사용 지도지침

영아의 수준에 따라 교사가 지도할 때 참고해야 할 지도지침은 다음과 같다(윤애희, 박정민, 2009).

(1) 만 0~1세

- 영아가 있고 없는 상황을 지각할 수 있도록 물건 숨기고 찾기, 까꿍놀이 등을 경험하도록 한다.
- 일상생활 속에서 교사가 '하나, 둘', '있다, 없다, 많다' 등의 수학적 어휘를 사용함으로써 영아들이 수학적 용어를 들을 수 있도록 한다.
- 영아가 자신을 둘러싼 공간을 인식하며, 주변 사물에 관심을 갖고 모양에 대해 친숙해지도록 '모양' 관련 어휘를 사용한다.
- 공, 블록, 두 조각 퍼즐 등의 영아에게 적합한 탐색 놀잇감을 제공하여 다양한 수학적 경험을 할 수 있도록 한다.

• 규칙성 있는 노래와 말놀이, 잼잼, 도리도리 등의 놀이를 제공하여 다양한 수학적 경험을 제공한다.

(2) 만 2세

• 일상생활 속에서 교사가 '하나, 둘, 셋', '많다, 적다', '높다, 낮다', '동그라미, 네모' 등의 수학적 어휘를 사용함으로써 수학적 용어에 친숙할 수 있도록 하고, 영아들도 수학적 어휘를 적절하게 사용해 보도록 격려한다.
• 교사는 일과 중에 '어느 것이 더 많아?', '누가 먼저 가지고 있었니?' 등의 질문을 통해 수학적 사고를 격려한다.
• 영아가 한 가지 기준으로 사물을 비교하여 순서 지어 보는 경험을 하도록 하고 새로운 기준으로 구분할 때 격려한다.
• 교사는 영아에게 일과가 이루어지는 순서를 소개하고, 간단한 순서를 알고 지키도록 격려한다.
• 구슬 꿰기, 블록, 자연물, 자동차, 인형 등의 놀잇감을 제공하여 다양한 수학적 활동을 경험을 할 수 있도록 한다.
• 수 세어보기, 목표물 맞추기, 비교해 보기, 비슷한 것끼리 짝 짓기, 반복하는 노래나 율동하기 등 다양한 수학적 경험을 할 수 있는 활동을 제공한다.

2 누리과정(3~5세)에 나타난 수학교육의 내용

1) 누리과정에 나타난 유아를 위한 수학교육의 내용

유아를 위한 수학교육의 내용을 살펴보기 위해 어린이집과 유치원에서 공통적으로 적용하고 있는 누리과정에 나타난 수학 관련 내용을 살펴보고자 한다. 2012년에 개정된 누리과정은 만 3~5세 유아들에게 국가수준에서 제공하는 보편적이고 공통적인 보육의 목표와 내용을 제시한 것이다. 모든 유치원과 어린이집은 만 3~5세 유아들을 누리과정에 따라 보육하도록 노력하여야 한다.

누리과정의 수학 관련 내용도 표준보육과정에서와 같이 '자연탐구' 영역에서 찾아볼 수 있다. '자연탐구' 영역에서 수학 관련 내용은 연령별로 만 3세, 만 4세, 만 5세로 구분된다. 구체적으로 누리과정 중 '자연탐구' 영역을 살펴보면 다음과 같다(보건복지부, 교육과학기술부, 2013).

(1) 목표

자연탐구 영역에서는 호기심을 가지고 주변 세계를 탐구하며, 일상생활에서 수학적·과학적으로 생각하는 능력과 태도를 기르는 것을 목표로 삼는다.

- 주변의 사물과 자연세계에 대해 알고자 하는 호기심을 가지고 탐구하는 태도를 기른다.
- 생활 속의 여러 상황과 문제를 논리·수학적으로 이해하고 해결하기 위한 기초 능력을 기른다.
- 주변의 관심 있는 사물과 생명체 및 자연현상을 탐구하기 위한 기초 능력을 기른다.

(2) 내용

자연탐구 영역은 표준보육과정과 마찬가지로 '탐구하는 태도 기르기', '수학적 탐구하기', '과학적 탐구하기'의 세 가지 내용범주로 구성된다. 이 중 수학과 관련되는 '탐구하는 태도 기르기'와 '수학적 탐구하기'를 자세히 살펴보면 다음과 같다.

① 내용체계

'탐구하는 태도 기르기'는 호기심을 유지하고 확장하기와 탐구과정 즐기기 및 탐구기술 활용하기가 있다. 이를 통해 유아가 탐구과정을 즐기면서 지식을 바르게 추구하는 태도를 기를 수 있다.

'수학적 탐구하기'는 유아가 놀이와 일상경험을 기반으로 생활 속 구체적인 문제를 해결하는 과정에서 기초적인 수학적 개념과 기능을 학습하고 사용하는 것에 중점을 둔다. 이를 위해 수와 연산의 기초 개념 알아 보기, 공간과 도형의 기초 개념 알아 보기, 기초적인 측정하기, 규칙성 이해하기, 기초적인 자료 수집과 결과 나타내기의 다섯 가지 내용으로 구성된다.

내용범주	내용
탐구하는 태도 기르기	호기심을 유지하고 확장하기
	탐구과정을 즐기기
	탐구기술 활용하기(4, 5세)
수학적 탐구하기	수와 연산의 기초 개념 알아 보기
	공간과 도형의 기초 개념 알아 보기
	기초적인 측정하기
	규칙성 이해하기
	기초적인 자료 수집과 결과 나타내기

✩ 탐구하는 태도 기르기

내용범주	내용		세부내용
탐구하는 태도 기르기	3세 세부내용	호기심을 유지하고 확장하기	주변 사물과 자연세계에 대해 호기심을 갖는다.
		탐구과정 즐기기	궁금한 점을 알아보는 과정에 흥미를 갖는다.
	4세 세부내용	호기심을 유지하고 확장하기	주변 사물과 자연세계에 대해 지속적으로 호기심을 갖는다.
		탐구과정 즐기기	궁금한 점을 알아보는 탐구과정에 관심을 가지고 참여한다.
		탐구기술 활용하기	일상생활의 문제를 해결하는 과정에서 탐색, 관찰 등의 방법을 활용해 본다.

내용범주	내용		세부내용
탐구하는 태도 기르기	5세 세부내용	호기심을 유지하고 확장하기	주변 사물과 자연세계에 대해 지속적으로 호기심을 갖고 알고자 한다.
		탐구과정 즐기기	궁금한 점을 알아보는 탐구과정에 참여하고 즐긴다.
			탐구과정에서 서로 다른 생각에 관심을 갖는다.
		탐구기술 활용하기	일상생활의 문제를 해결하는 과정에서 탐색, 관찰, 비교, 예측 등의 탐구기술을 활용해 본다.

가. 호기심을 유지하고 확장하기

유아가 탐구하는 태도를 기르는 데 필요한 가장 기초적인 성향을 갖추도록 하는 내용이다. 자신이 경험한 사물이나 현상에 대하여 단순히 호기심을 갖는 것에서 시작하여 끊임없이 궁금한 것을 찾아 내고, 지속적으로 호기심을 유지하면서 자신의 궁금증을 해결하기 위해 구체적으로 알고자 하는 내용을 포함한다.

따라서 교사는 유아를 주의 깊게 관찰하고, 유아의 말에 귀를 기울여 유아가 관심을 갖는 사물이나 현상을 탐구할 수 있도록 한다. 또한 유아가 호기심을 갖는 사물이나 현상에 대해 적극적으로 관찰하고, 조사하고, 실험해 볼 수 있도록 다양한 크기의 확대경과 실험도구들을 포함한 물리적 환경을 구성해 준다.

나. 탐구과정 즐기기

유아가 호기심을 느끼거나 궁금한 점을 알아 보기 위해 탐색하고 탐구하여 발견해 가는 과정을 즐기도록 하는 내용이다. 유아는 또래 및 교사와 함께 여러 가지 방법을 사용하여 탐구하는 과정에 관심을 가지고 참여한다.

따라서 유아가 궁금한 점을 알아볼 수 있는 방법에 대해 생각하도록 격려하고 자신이 고안한 방법으로 탐구하는 것을 즐길 수 있도록 충분한 시간을 제공한다. 유아가 고안한 방법에 오류가 있다 하더라도 교사는 직접적인 답을 주지 않고 유아가 오류를 변경할 수 있는 시간을 주도록 한다.

다. 탐구기술 활용하기

유아로 하여금 주변의 사물과 자연환경을 지각하고 반복적으로 탐색하는 과정을 통해 문제를 탐구하는 방법을 익힐 수 있도록 하는 내용이다. 유아는 일상생활에서 접하는 문제해결과정에서 처음에는 탐색, 관찰, 비교 등의 기본적인 탐구기술을 활용하여 궁금한 것을 알아간다.

따라서 교사는 교실에서 일어나는 여러 가지 문제 상황에 유아가 관심을 갖도록 상호작용하고, 문제를 해결하는 과정에서 탐색하고 관찰한 내용을 다양한 방법으로 표현해 보도록 도와야 한다. 교사는 유아가 탐구과정에서 얻은 결과를 기초로 유사한 문제나 상황에서 해결방법을 예측하고 추론하도록 한다.

☆ 수학적 탐구하기

수학적 탐구하기는 유아가 놀이와 일상경험을 기반으로 생활 속 구체적인 문제를 해결하는 과정에서 기초적인 수학적 개념과 기능을 학습하고 사용하는 것에 중점을 둔다. 자신의 수학적 생각을 다양한 방법으로 나타내고, 다른 사람들과 의사소통을 하는 데 주안점을 둔다.

내용범주	내용		세부내용
수학적 탐구하기	3세 세부내용	수와 연산의 기초 개념 알아 보기	생활 속에서 수에 관심을 갖는다.
			구체물 수량의 많고 적음을 비교한다.
			다섯 개가량의 구체물을 세어 보고 수량에 관심을 갖는다.
		공간과 도형의 기초 개념 알아 보기	나를 중심으로 앞, 뒤, 옆, 위, 아래를 알아 본다.
			물체의 모양에 관심을 갖는다.
		기초적인 측정하기	두 물체의 길이, 크기를 비교해 본다.
		규칙성 이해하기	생활주변에서 반복되는 규칙성에 관심을 갖는다.
		기초적인 자료 수집과 결과 나타내기	같은 것끼리 짝을 짓는다.

내용범주	내용		세부내용
수학적 탐구하기	4세 세부내용	수와 연산의 기초 개념 알아 보기	생활 속에서 사용되는 수의 여러 가지 의미를 안다.
			구체물 수량에서 '같다', '더 많다', '더 적다'의 관계를 안다.
			열 개가량의 구체물을 세어보고 수량을 알아 본다.
		공간과 도형의 기초 개념 알아 보기	위치와 방향을 여러 가지 방법으로 나타내 본다.
			기본 도형의 특성을 인식한다.
			기본 도형을 사용하여 여러 가지 모양을 구성해 본다.
		기초적인 측정하기	일상생활에서 길이, 크기, 무게 등을 비교해 본다.
		규칙성 이해하기	생활주변에서 반복되는 규칙성을 알아 본다.
			반복되는 규칙성을 인식하고 모방한다.
		기초적인 자료 수집과 결과 나타내기	필요한 정보나 자료를 수집한다.
			한 가지 기준으로 자료를 분류해 본다.
	5세 세부내용	수와 연산의 기초 개념 알아 보기	생활 속에서 사용되는 수의 여러 가지 의미를 안다.
			구체물 수량의 부분과 전체 관계를 알아 본다.
			스무 개가량의 구체물을 세어보고 수량을 알아 본다.
			구체물을 가지고 더하고 빼는 경험을 해본다.
		공간과 도형의 기초 개념 알아 보기	위치와 방향을 어러 가지 방법으로 나타내 본다.
			여러 방향에서 물체를 보고 그 차이점을 비교해 본다.
			기본 도형의 공통점과 차이점을 알아 본다.
			기본 도형을 사용하여 여러 가지 모양을 구성해 본다.
		기초적인 측정하기	일상생활에서 길이, 크기, 무게, 들이 등의 속성을 비교하고, 순서를 지어 본다.
			임의 측정단위를 사용하여 길이, 면적, 들이, 무게 등을 재본다.
		규칙성 이해하기	생활주 변에서 반복되는 규칙성을 알고 다음에 올 것을 예측해 본다.

내용범주	내용		세부내용
수학적 탐구하기	5세 세부내용	규칙성 이해하기	스스로 규칙성을 만들어 본다.
		기초적인 자료 수집과 결과 나타내기	필요한 정보나 자료를 수집한다.
			한 가지 기준으로 분류한 자료를 다른 기준으로 재분류해 본다.
			그림, 사진, 기호나 숫자를 사용해 그래프로 나타내 본다.

가. 수와 연산의 기초 개념 알아 보기

유아는 생활 속에서 수가 여러 가지 의미로 사용된다는 것을 알게 되고, 물체 세기를 통해 수량을 인식한다. 또한 구체물을 사용하여 수들 간의 관계를 알아보며, 더하고 빼는 경험을 하면서 수와 연산에 대한 기초 개념을 형성한다.

따라서 수가 사용되는 다양한 상황을 경험함으로써 직관적으로 수의 여러 가지 의미, 즉 수량을 나타내는 집합 수, 순서를 나타내는 순서수, 명칭으로 사용되는 이름수를 이해하도록 한다. 예를 들어, "오늘 생일인 친구의 나이만큼 초를 꽂아 보자."(집합수), "우리 게임하는 순서를 정해 보자. 누가 먼저 하면 좋을까?"(순서수), "우리 어린이집 전화번호를 알아 보자."(이름수)라고 말할 수 있다.

집합 크기의 비교는 '많고 적음 → 차이가 적은 두 집합의 크기 → 특정 수량을 나누거나 모으기' 등을 안내한다. 또한 일상생활에서 수량의 차이가 확실한 두 집합을 비교하는 활동을 통해 유아가 수량의 많고 적음을 이해하는 데 중점을 둔다. 집합의 크기를 비교할 때에는 일대일 대응을 사용하거나 수 세기를 활용하도록 격려하고 일상생활에서 수 세기가 요구되는 놀이나 게임, 숫자 노래 등을 해볼 수 있는 기회를 많이 제공한다.

만 4, 5세 유아는 특정 수부터 이어 세기, 거꾸로 세기, 띄어 세기 등 수 세기의 여러 방법을 경험해 보게 하며, 유아가 물체를 셀 때 한 개씩 손가락으로 가리키며 세어 보거나 헤아린 물체를 한쪽으로 놓는 등 효과적으로 수를 세는 방법을 안내한다.

더하기나 빼기의 개념은 일상의 구체적인 상황이나 조작할 수 있는 구체물을 가지고 활동해 보도록 하며, 이때 유아가 자신이 사용한 문제해결 전략을 설명해 보도록 한다. 활동 시 구체물이 아닌 숫자와 기호를 사용하여 덧셈과 뺄셈을 반복하는 형식적인 활동이 되지 않도록 주의한다.

나. 공간과 도형의 기초 개념 알아 보기

유아는 자신이나 물체의 위치와 방향을 인식하고, 보는 위치에 따른 공간적 차이를 알아간다. 기본 평면도형 및 입체도형의 특징을 알아보고, 도형을 나누거나 합하여 여러 가지 모양을 구성할 수 있다.

따라서 유아가 자신에서 시작하여 점차 주변의 특정 지형지물을 기준으로 물체의 위치와 방향을 인식하고, 이를 표현할 수 있는 기회를 제공한다. 예를 들어, "너의 앞, 뒤, 옆, 위, 아래에는 무엇이 있니?", "언어영역과 역할놀이 영역 사이에 의자를 놓아 주렴."이라고 말할 수 있다.

여러 방향에서 본 물체의 형태를 표현하거나 비교하는 활동을 제공하고 촉감을 이용한 감각적 운동 경험을 통해 기본 도형에 대한 이미지와 감각을 형성하도록 한다. 도형의 둘레를 손가락으로 따라가기, 물체를 만져 보고 어떤 모양인지 설명하기, 도형 그리기, 도형 색칠하기, 지오보드 위에 도형 만들기 등의 경험을 제공한다. 주변의 여러 물체의 모양을 살펴보고 모양에 따른 특성을 인식할 수 있는 기회를 제공한다. 또한 각 도형의 형태와 이름에 익숙해지도록 하며, 각 도형별로 다양한 크기를 제시하거나 도형을 놓는 방향을 다르게 해 도형의 속성을 비교해 보게 한다.

다. 기초적인 측정하기

측정은 길이, 크기, 무게, 들이 등의 속성을 비교하고 순서 짓는 것에서 시작하여 더 나아가 사물이 지닌 속성의 크기를 기준량(단위)을 정하여 수치로 나타내는 것이다. 놀이 및 일상에서 유아가 길이, 크기, 무게, 들이 등의 속성을 인식하고 비교하거나 순서지어 볼 수 있도록 한다. 초기에는 두 물체의 길이나 크기가 두드러지게 차이 나는 것을 가지고 '~보다 크다', '~보다 작다', '~와 같다' 등의 용어를 사용하며 비교해 보는 경험을 제공한다.

따라서 유아가 측정을 위해 손뼘, 발길이, 블록, 연필과 같은 임의단위를 사용하도록 한다. 손뼘이나 발길이와 같은 신체단위는 사람에 따라 다르므로 측정 결과가 달라진다는 점을 인식할 수 있도록 하며, 유아가 측정과정에서 나타나는 문제점을 경험하고 해결하는 과정에서 측정할 속성에 적합한 단위를 선정하고, 동일한 단위를 반복하여 측정할 때 필요한 기술을 인식할 수 있도록 지도한다.

라. 규칙성 이해하기

유아는 타일이나 벽지의 무늬, 포장지의 그림 등에서 반복되는 규칙을 발견하고, 밤과 낮, 요일, 사계절, 어린이집의 하루 일과 같은 변화에서도 규칙성을 인식한다.

따라서 유아가 사물이나 일상적 상황에 나타난 규칙성을 발견하도록 한다. 점차 유아가 인식한 규칙성에 따라 다음에 올 것을 예측해 보는 기회를 제공한다. 예를 들어, "책상 위에 씌운 테이블보에 재미있는 무늬가 있어. 어떤 무늬들이 있는지 살펴 보자.", "코끼리-생쥐-고양이-코끼리-생쥐-고양이 그림을 순서대로 붙였어. 고양이 다음에는 무엇이 와야 할까?" 라고 물을 수 있다. 그리고 점차 다양한 패턴이 있음을 인식하고 한 가지 유형의 규칙성을 다른 유형으로 재구성해 보도록 한다.

마. 기초적인 자료 수집과 결과 나타내기

일상생활에서 탐구하고자 하는 문제를 해결하기 위해 필요한 자료를 모으고, 정리하고, 결과를 나타내고, 해석하는 여러 과정을 포함한다. 이는 유아 수준의 기초통계와 관련된 부분으로 초등학교 교육과정의 '확률과 통계'와 연계된다. 유아는 탐구하려는 문제를 위해 자료를 수집하고 수집한 자료의 결과에 기초하여 특성과 경향성을 파악하게 된다.

이를 위해 다양한 사물의 같은 점과 다른 점을 구별하고 같은 것끼리 짝지어 보는 기회를 제공하고 한 가지 속성에 기초해 사물을 분류해 보고 분류의 준거를 말해 보도록 한다. 또한 영유아가 수집한 자료를 비교해 볼 수 있도록 그림, 사진 등을 사용한 그래프나 표를 만들어 보도록 한다.

2) 유아 수준에 따른 교사용 지도지침

유아의 수준에 따라 교사가 지도할 때 참고해야 할 지도지침은 다음과 같다(윤애희, 박정민, 2009).

- 유아 스스로 이루어지는 자발적인 수학학습이나 우연히 발생하는 상황에서 가르치는 비형식적 수학교육뿐만 아니라 교사가 계획하고 의도한 수학교육도 제공한다.
- 교사는 일상적인 활동 가운데 자연스럽게 내포된 수학적 개념을 유아에게 명확하게 제시해야 한다.
- 일상생활에서 수 세기를 경험할 수 있는 기회를 많이 제공하고, 실제적인 문제해결을 위해 더하거나 빼기, 같은 분량으로 나누기 등을 할 수 있게 한다.
- 수 세기를 경험할 수 있는 게임도구(주사위를 이용한 판게임 등)를 제공하거나 유아가 스스로 만들어 보도록 지도한다.
- 칠교놀이, 퍼즐 등의 놀이로써 다양한 위치와 방향으로 놓인 여러 유형의 도형에 접할 수 있게 하고, 도형의 속성도 탐색하도록 한다.
- 교사가 비교하는 용어는 물론 다양한 수학적 용어를 사용하는 모델을 보여준다.
- 같은 대상을 서로 다른 임의의 단위를 사용해서 측정한 후 그 결과에 대해 논의하도록 지도한다.
- 임의 단위를 사용할 수 있는 재료(끈, 막대, 블록)과 표준화된 측정도구(계량컵, 저울 등)를 함께 제공한다.
- 주변 환경에서 색, 모양, 수, 소리 등 다양한 형태로 나타나는 규칙성을 발견하도록 격려하고, 세기, 놓아 보기, 그리기 등으로 규칙성을 표현해 보도록 한다.
- 수집된 자료를 색 크기 모양 등의 속성별로 분류·조직하고 표나 그래프로 나타내도록 지도한다.
- 표, 그래프로 나타난 것에 대해 설명하도록 지도한다.

3 아동수학교육의 내용

영유아 수학교육의 내용에서는 국가수준의 교육과정인 누리과정에 따라 수학교육의 내용을 제시하고, 이러한 내용의 습득을 촉진할 수 있는 방법을 살펴보기로 한다. 구체적으로 수와 연산, 공간과 도형, 측정, 규칙성, 자료 수집과 분석에 대해 살펴보기로 한다.

1 수와 연산

수는 모든 수학영역의 기본이다. 수는 사물에 대한 수량을 정의하고, 크기와 부피 등을 측정하고 비교하며, 정보를 해석하고, 문제를 해결하는 데 사용된다. 영유아가 수 개념 형성을 위하여 다룰 수 있는 활동으로는 구체물과 실생활 경험을 통해 '얼마나 많은' 지 수를 세고, '얼마나 많은' 지를 측정함으로써 이해된다.

수 개념 발달은 영유아기에 경험해야 할 중요한 내용이다. 영유아는 수가 양과 관계를 나타내기 위해서 사용된다는 것을 이해하고, 세상에 대한 정보를 수집할 때 유용한 도구가 된다는 것을 이해할 필요가 있다(Richardson & Salkeld, 1995).

영유아는 수를 사용하고 이해하는 능력이 점차적으로 발달하는데 이는 수량에 대해 인식하고, 수를 세며, 수 체계를 이해하고, 연산에 관한 지식, 수들 간의 비교, 실제 생활에서 수를 사용하고 해석할 수 있는 능력을 포함한다(홍혜경, 2010).

영유아는 일상생활 속에서 수가 여러 가지 방법으로 활용되고 있음을 경험하고, 이

때 수가 어떻게 사용되고 있는지 해석하고 수의 의미를 알아나간다. 수 개념을 학습하는 내용으로는 수 세기, 숫자 인식하기, 더하기 빼기, 수의 부분과 전체를 들 수 있다.

1) 수 세기

영유아에게 수 세기는 수 개념 발달에 중요한 역할을 한다. 즉, 수에 대한 이해는 수 세기에 기초해서 이루어지기 때문이다.

영유아의 수 세기에는 기계적 수 세기와 합리적 수 세기가 있다. 기계적 수 세기는 의미를 이해하는 것이 아니라 기억에 의해 숫자를 말하는 기계적 암송을 이야기한다. 주로 영아기에 이루어지는 수 세기가 말로만 수를 세는 기계적 수 세기이다. 하나에서 열, 스물까지 말한다 하더라도 사물을 하나씩 차례로 짚지 못한다면 아직 진정한 의미의 합리적 수 세기가 아니라는 것이다.

합리적 수 세기는 기계적 수 세기 다음에 오는 단계로 4~5세 이후에나 가능하며 물체의 수량을 파악할 때 각각의 물체와 이에 해당하는 수의 이름을 일대일 대응시켜 가면서 순서대로 셀 수 있는 것이다. 합리적 수 세기가 되면 진정한 의미의 수 세기가 이루어진 것으로 본다. 예를 들어, 바둑알 10개를 주고 하나씩 짚으면서 세도록 했을 때 첫 번째 바둑알부터 열 번째 바둑알까지 하나씩 차례로 짚으면서 수를 세었다면 그 유아는 합리적 수 세기를 한다고 볼 수 있다.

합리적 수 세기는 다음을 고려하여 지도하는 것이 바람직하다(고선옥, 김경신, 심윤무, 최달희, 2014).

① 물체 하나에 한 번씩만 수 단어를 말하도록 한다.
② 수의 명칭을 안정된 순서로 정확히 말하도록 한다.
③ 마지막 물체에 적용된 수의 명칭이 전체 물체의 개수를 나타내는 것임을 이해한다.
④ 물체의 수를 셀 때 어떤 물체부터 세기를 시작해도 된다.
⑤ 세어야 할 물체는 서로 다를 수 있으며, 구체물뿐만 아니라 정신적 실체인 경험, 사건도 수 세기가 가능하다.

대부분의 유아는 1에서 10까지는 말로 수 세기에 의존하지만 그 다음부터는 수 이름 결합 규칙을 발견하여 적용한다. 우리나라의 경우 수 이름이 고유 수 이름과 한자 수 이름으로 되어 있다. 한 자 수 이름에는 '십, 이십, 삼십…', 과 같은 수 이름에 포함되어 있는 규칙을 찾아내기 쉬우나, 고유 수 이름에서는 십의 자리에 해당하는 '열, 스물, 서른, 마흔…' 등 수 이름에 규칙성이 없으므로 기계적으로 외워야 하는 어려움이 있다(김영실, 김지영, 2002).

합리적 수 세기를 발달시키기 위해서는 유아에게 일과 중에서 수를 셀 수 있는 상황을 제공한다. 예를 들면 함께 놀이하고 있는 영역의 친구들 수를 파악하게 한다든지, 게임 활동을 하면서 수 세는 경험을 갖도록 할 수 있다. 또한, 바둑알이나 놀잇감 등의 구체물을 이용하여 수 세기를 할 수 있도록 제공할 수 있다. 예를 들어, 카드 게임을 하면서 획득한 카드를 동시에 하나씩 내어 놓으면서 누가 몇 개 더 많이 획득했는지 알아 본다든가, 카드를 쌓아놓고 어림짐작으로 어디가 더 많은지 알아보도록 한다.

어림짐작으로 많고 적음 알아내기

다음은 유아와 함께 할 수 있는 구체물을 가지고 수 세기 활동을 한 예이다.

- '열 꼬마 인디언'과 같은 수 세기 노래를 한다.
- 수를 세면서 게임을 한다.
- 계단을 오르면서 계단의 수를 센다.
- 친구의 수를 세어 보고, 한 명씩 짝을 지어 본다.
- 블록으로 쌓은 후에 블록의 수를 세어 보고, 한 개씩 덜어 내면서 거꾸로 세어 보기를 한다.

이러한 활동을 경험한 후 영유아가 '하나씩 세기'를 쉽게 할 경우, '둘씩 세어 보기'를 하게 할 수 있다. 또한, 수 세기 지도에서 수를 정확하게 세는 것도 중요하지만 물체에 따라 세는 단위가 다르다는 것을 인식킬 수도 있다. 사람이나 짐승의 경우도 세는 단위가 다르다는 것을 알게 해줄 수 있다(Whitin & Wilde, 1992).

2) 숫자 인식

숫자에 대한 인식은 시각적으로 숫자의 모양이 서로 다름을 알고 숫자를 구별하는 것으로 숫자 읽기와 숫자 쓰기의 형태로 나타난다. 영유아들이 수량에 대한 개념을 획득해 감에 따라서 수량과 수량을 표상하는 숫자와의 관계를 이해하는 것이 필요하다.

(1) 숫자 읽기

영유아가 숫자를 읽기 위해서는 숫자의 모양과 이름을 인식하고 숫자와 이에 해당하는 수량을 연결하는 경험을 해야 한다. 이를 위해 교사가 만든 숫자 카드나 숫자 책을 사용하기도 한다.

영유아의 숫자 읽기를 돕기 위한 방법을 구체적으로 살펴보면 다음과 같다(윤애희, 박정민, 2009).

첫째, 숫자는 사람들 간의 약속임을 알려준다. 숫자 1이란 1개를 표시하는 약속이고 숫자 2란 2개를 표시하기로 한 약속임을 알려 주어야 한다. 이를 위해 구체물을 가지고 수량을 세어 보거나 뒤집어진 숫자 카드를 집어 읽어 보기, 숫자 카드를 보고 읽은 후에 해당되는 수량만큼 물건 가져오는 활동을 할 수 있다.

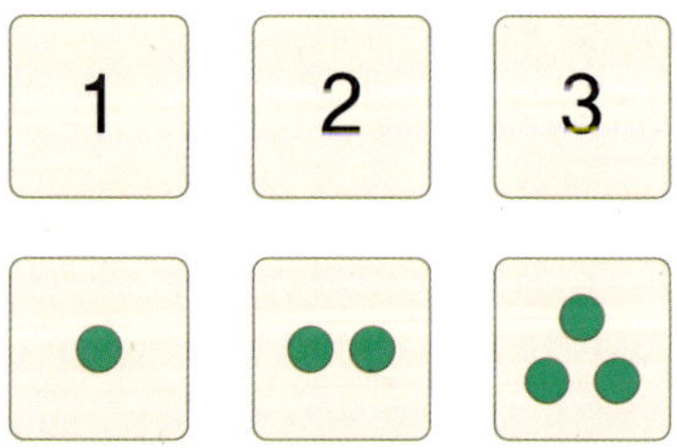

숫자와 수량 짝짓기

둘째, 숫자의 인식을 돕기 위해 숫자를 재미있게 소개하거나 숫자 노래를 부르면서 숫자의 모양을 탐색할 수도 있다. 예를 들어, 숫자 1은 지팡이 모양이며 점 1개, 숫자 2는 오리모양이며 점 2개 등이다. 숫자의 특징적인 생김새를 말로 표현할 수도 있다. 예를 들어, 숫자 6은 선이 왼쪽으로 구부러지고 선의 아래 우측이 동그란 모양이 있음을 알려 준다.

셋째, 일상생활 속에서 볼 수 있는 숫자에 대해 탐색하고, 숫자의 기능에 대해 인식하는 경험을 갖도록 한다. 주변에서 볼 수 있는 전화번호부, 달력, 시계 등에서 숫자를 찾아보고, 숫자가 어떻게 이용되고 있는지 등에 관심을 갖도록 한다.

(2) 숫자 쓰기

영유아가 숫자 쓰기를 배우는 것은 숫자 읽기를 배우는 것보다 더 어렵다. 영유아는 10 이하의 숫자는 쉽게 읽을 수 있지만, 숫자에 따라 쓰는 것은 소근육 발달은 물론 눈과 손의 협응력, 좌우 변별 및 개폐 개념이 형성되어야 가능하기 때문이다(김숙자, 김현정, 2005). 영유아에게 처음으로 숫자 쓰기를 지도하기 위해서는 허공에다 팔 전체를 사용하여 써 보게 하는 것이 좋다. 그 다음에는 자기 손바닥 위에 손가락으로 써 보거나 모래 위에 쓰기, 점선을 따라 쓰기, 끈으로 숫자 만들기 등을 할 수 있다.

만일 영유아가 숫자를 뒤집어서 쓸 경우에는 숫자 모양을 구분하는 활동을 충분히 하는 것이 좋다. 숫자 3의 경우는 왼쪽이 열려 있는 모양, 숫자 9는 똑바로 선 사람, 6은 생일 고깔모자를 쓴 사람 같은 활동 등이 그 예이다.

서 있는 사람 생일 고깔 모자 쓴 사람

다음은 영유아와 함께 할 수 있는 숫자 쓰기 활동의 예이다.

- 모래 위에 숫자를 써 본다.
- '숫자 노래'를 부르면서 숫자에 대해 인식한다.
- 끈으로 숫자를 표현한다.
- 신체로 숫자를 표현한다.
- 종이 위의 점들을 연결하여 숫자를 표현한다.

3) 수의 더하기와 빼기

영유아기에 경험하는 수의 연산활동으로 더하기와 빼기 활동이 있다. 더하기는 물체를 합했을 때 몇 개가 되는지를 이해하는 것이다. 반면, 빼기는 물체를 뺐을 때 몇 개가 남았는지 이해하는 것이다.

영유아들은 일상생활 속에서 사물의 수량을 더하거나 빼는 문제 상황에 접하게 된다. 예를 들면, 간식 시간에 6개의 떡을 3명이 나눠 먹을 때 각자 몇 개씩 먹을 수 있는 지와 같은 상황들이다. 일상생활 속에서 경험하는 이러한 문제 상황을 해결하기 위해 더하기와 빼기의 이해가 이루어져야 한다. 영유아기에 경험하는 간단한 수의 더하기와 빼기 활동은 수 개념을 이해하는 데 중요한 연산 능력으로 암산이나 후에 계산의 개념적 발달을 위한 기초를 제공해 준다.

영유아들은 실생활에서 더하기와 빼기 문제를 해결하고 나름대로의 책략을 사용하고 있다. 영유아가 사용하는 더하기 책략을 살펴보면 다음과 같다(한종화, 2003).

책략	내용
구체물로 모두 세기	두 집합의 물체를 전부 센다.
손가락으로 모두 세기	구체적 물체가 없을 경우 손가락으로 대신 센다.
정신적으로 이어 세기	처음에 등장하는 수부터 시작해서 계속 센다.(3+5의 경우 3부터)
정신적으로 큰 수부터 세기	두 수 중 큰 수 다음부터 계속 센다.(3+5의 경우 5부터)

영유아는 더하기보다 빼기 활동을 더 어려워한다. 유아가 사용하는 빼기 책략을 살펴보면 다음과 같다(김숙자, 김현정, 2005).

책략	내용
구체물로 덜어내기	구체적 물체를 사용하여 감수를 덜어내고 나머지를 센다.
구체물로 더해가기	감수로부터 구체적 물체를 피감수까지 더한다.
정신적으로 세어 오르기	감수부터 피감수까지 세어 올라간다.(7-5의 경우 5부터 7까지)
정신적으로 거꾸로 세기	피감수부터 감수까지 거꾸로 세어 내려간다.(7-5의 경우 7부터 5부터)

숫자와 기호를 사용한 더하기와 빼기 활동은 초등학교에서 다룰 내용이고 영유아기에는 학습지보다는 구체물을 이용하여 사물의 수량을 더해 보고 빼 보는 경험이 적절하다. 이때 답이 5 또는 10 이하의 너무 큰 수가 되지 않도록 하는 간단한 활동이 효과적이다. 영유아가 일상생활 속에서 문제 상황을 해결하도록 하며, 다양한 더하기와 빼기 책략을 사용하도록 격려한다(한유미, 2014).

4) 수의 부분과 전체

부분과 전체 개념은 전체는 여러 부분으로 나눠질 수 있고 이 부분들이 합쳐져서 다시 전체를 이룰 수 있음을 이해하는 것이다. 이러한 부분과 전체에 대한 개념을 영유아가 이해할 수 있을 때 더하기, 빼기, 나누기, 곱하기, 분수 등의 높은 수준의 수 개념 학습을 의미 있게 한다.

영유아기에는 부분과 전체 관계를 이해하도록 하기 위해서는 전체를 가지고 부분으로 나누어 보고, 부분을 모아 전체를 만들어 보는 경험이 필요하다. 예를 들어, 간식 시간에 부족한 간식 나누기 등 일상생활을 통해 실제 물체로 문제해결을 하는 경험을 제공할 수 있다. 교사도 평소 영유아와 대화할 때 전체, 부분, 반 등의 전체와 부분에 관련된 용어를 자주 사용해야 한다. 그리고 전체를 부분으로 나누고 다시 전체로 합쳐보는 활동인 퍼즐, 찰흙 덩어리, 조립용 장난감 등을 제공하고, 부분 보고 전체를 알아내는 활동, 케이크 하나를 친구 수만큼 나누어서 먹는 활동 등을 할 수 있다.

케이크 나누기

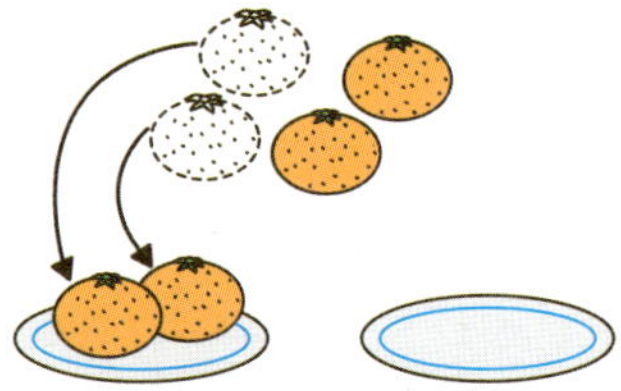

귤 나누어 보기

2 공간과 도형

공간과 도형에 대해 알아보는 것은 우리가 살고 있는 환경과 주변 물체에 대해 알 수 있도록 돕고 영유아에게 3차원 세계를 표현하고 분석하는 방법을 제공한다. 공간 관련 개념은 기하학의 기초로 영유아는 삼각형, 사각형, 원 등과 같은 유클리드 기하학적 모양을 분별할 수 있기 전에 안과 밖, 개폐와 같은 위치에 관련된 공간, 즉 위상 기하학의 개념을 먼저 알게 된다.

1) 공간

공간적 감각은 주위 환경과 물체에 대한 직관적 느낌을 의미하는 것으로 사물 간의 위치, 방향, 거리와 관련된 공간 개념을 의미한다. 공간 능력은 영유아가 주변 세계를 이해하고 일상생활을 살아가는 데 필수적인 요인이다.

공간관련 개념들은 영아기때부터 감각 운동적으로 물체를 탐구해 나가는 동안에 발달하기 시작한다. 만 2세 이하 영아는 자신의 몸을 직접 움직여보고 사물을 구체적으로 조작해 봄으로써 공간 개념을 획득하고, 만 3~5세 유아는 모양과 크기, 형태, 방향에 대한 개념 발달은 물론 구체적으로 근접, 개폐, 안과 밖, 분리, 순서 등의 개념을

공간 활동 '우리 동네 꾸미기'

습득하기 시작한다(문연심, 2010).

위치에 관련된 공간 관련 개념인 위상기하는 수축이나 확장 등의 변형에도 불구하고 변화하지 않는 특성으로 정의된다. 예를 들어, 영유아는 처음에 삼각형, 사각형, 원을 분별하기 전에 물체끼리 얼마나 가까운지 또는 멀리 있는지, 어떤 부분이 서로 분리되어 있는지 또는 붙어 있는지, 선이 열려 있는지 또는 막혀 있는지 위상수학적 개념을 이해해야 한다. 영유아 단계에서 다루어야 할 위상수학의 기초적인 내용으로 근접성, 분리, 개폐, 안과 밖, 위와 아래, 간격의 개념에 대해 알아보면 다음과 같다.

첫째, 근접성이란 처음으로 나타나는 위상학적 개념으로 물체의 위치에 관한 인식을 뜻한다. 가깝고 먼 것에 대한 비교, 구별, 이해를 포함하는 것이다. 영유아의 근접성 개념 발달을 지도하기 위해 교사는 다양한 공간적 관점에서 사물을 관찰·표현할 기회를 제공하는 것이 필요하다. 예를 들면, 다양한 위치(위, 아래)나 자세(서기, 앉기, 기기)로 사물을 관찰할 기회를 제공하거나 바깥놀이에서 기구를 이용하여 신체 놀이할 기회를 제공한다.

둘째, 분리란 물체가 서로 닿아 있는지, 떨어져 있는지 혹은 연결되어 있는지, 연결되어 있지 않은지의 의미이다. 분리에 대한 영유아의 이해는 영유아가 그린 그림에 잘 나타나 있다. 분리를 이해하는 영유아는 사람의 형태나 크기를 제대로 표현하지 못하지만, 그럼에도 불구하고 팔과 다리는 몸체에 붙어 있게 그리거나 눈을 얼굴의 적절한 위치에 그릴 수 있다.

셋째, 개폐는 도형을 구별하기 전에 그 모양이 열려 있는지, 막혀 있는지의 여부, 즉 개방되거나 폐쇄된 곡선을 이해하는 것이다. 예를 들어, 영유아가 ㄷ자와 ㅁ자의 구별을 어려워하는 것은 이들 글자의 개폐의 차이를 구분하기 어렵기 때문이다(김숙자, 김현정, 2005).

넷째, 안과 밖, 위와 아래의 관계 이해는 닫혀 있는 곡선의 개념과 연관되어 있다. 닫혀 있는 곡선을 이해하면 안에 있는 물체와 밖에 있는 물체를 구별할 있게 되고, 이 개념은 면적, 둘레 개념 학습에 기초가 된다.

다섯째, 순서의 개념은 사물이나 사건의 서열을 의미하는데, 앞과 뒤, 옆, 다음에, 사이 등의 공간적 관계를 이해하는 것이다. 공간 속에서 순서의 개념을 사용하여 패턴을 만들어 볼 수도 있다.

공간 개념의 발달은 블록을 이용한 쌓기놀이를 통해서 이루어질 수 있다. 표시되어진 블록 모양대로 선반에 정리정돈하기, 블록으로 집이나 주차장 만들기 등은 공간과 같은 추상적 개념 발달에 도움이 된다. 이러한 공간 개념 발달은 우리가 살고 있는 물리적 세계를 더 잘 알 수 있도록 돕는다.

영유아들은 다음과 같은 활동을 통해 일상생활 속에서 공간 개념을 발달시킬 수 있다.

- 책상 뒤에 의자를 놓는다.
- 줄 서 있을 때 앞에 있는 친구나, 원을 만들 때 옆에 있는 친구를 알아 본다.
- 친구의 뒤에, 옆에 또는 앞에 가서 줄을 선다.
- 의자 밑에 공을 두거나 머리 위로 손을 올린다.
- 물체 방향을 나타내는 어휘를 사용하면서 옮긴다.
- 책상에 있는 상자의 안에, 밖에, 뒤에, 앞에, 위에, 밑에, 옆에 물체를 놓는다.
- 극놀이나 블록쌓기 활동을 할 때 위치 관련어를 사용한다.
- 얼굴과 몸통을 그린 후 머리, 팔, 다리 등을 연결시켜 그린다.
- 세 가지 이하의 물체를 일렬로 놓고 처음, 마지막, 맨뒤, 가운데 등의 순서에 관련된 어휘를 사용하면서 해당 물체를 가리킨다.

• 키 순서로 줄을 서고 자신이 몇 번째에 서 있는지 말한다.

위치 어휘
안에, 밖에, 밖으로, 넘어, 아래, 위, 바닥, 중간, 같이, 왼쪽에, 오른쪽에

순서 어휘
첫째/마지막, 시작/끝, 앞에/뒤에, 앞/뒤, 중간, 다음

방향 어휘
앞으로, 뒤로, 위로, 아래로, 멀리, 근처에, 오른쪽으로, 왼쪽으로

공간관련 활동을 할 때 다음과 같은 어휘를 사용할 수 있다.

2) 도형

영유아에게 도형에 대한 이해는 공간에 대한 이해보다 다소 늦게 발달하나 도형 역시 모든 것이 모양이나 형태를 가지므로 실생활과 관련이 있다. 도형의 종류는 많지만 모든 도형은 뒤집기, 옮기기, 돌리기 등의 변환에도 위치는 변해도 모양이나 크기, 각도 등은 변하지 않은 유클리드 기하학이다.

도형은 입체도형과 평면도형으로 구분된다. 흔히 사용되는 입체도형은 구, 원기둥, 원뿔, 정육면체, 직육면체 등이고, 평면도형은 원, 삼각형, 정사각형, 직사각형 등이 있다.

영유아는 원, 사각형, 직사각형, 삼각형의 순으로 인식하게 되며, 처음부터 여러 도형을 소개하기보다는 한 가지씩 소개하고, 입체도형보다 평면도형을 먼저 소개하는 것이 바람직하다.

그리고 도형의 형식적 명칭인 삼각형, 사각형을 강조하기보다는 친근한 이름인 세모, 네모로 이해하도록 돕는다. 교사는 매일의 활동에서 다양한 방법으로 영유아가 모양을 직접 경험할 수 있도록 하고, 일과 중에 도형과 관련된 구체적인 용어를 사용하여 도형에 대한 인식을 도와준다(예: 네모난 책상, 공은 둥글다).

교사는 모양의 특성과 관련된 다양한 활동을 제시할 수 있다. 교사는 모양의 변별과 비교(세모와 네모의 차이), 모양의 구성 및 디자인(네모와 세모로 집 만들기), 모양의 이동과 변화(세모 2개로 네모를 만들 수도 있다) 등에 관련된 활동을 통해 영유아의 기하학적 이해력 발달을 도와주도록 한다.

그리고 여러 가지 도형으로 그림 그리는 경험을 통해 영유아는 도형에 대해 알아가고 구성능력도 발전시켜 나간다. 찰흙, 핑거페인팅 등을 활용하여 다양한 모양을 자유롭게 만들어 보는 활동을 할 수 있다.

영유아들은 다음과 같은 활동을 통해 일상생활 속에서 모양 개념을 발달시킬 수 있다.

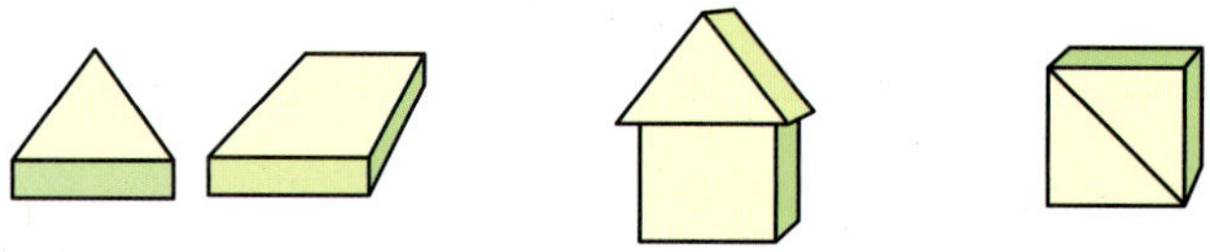

모양의 변별과 비교　　모양의 구성 및 디자인　　모양의 이동과 변화

- 감각상자에서 블록을 만져 보고 모양 말해 보기
- 모양은 같으나 크기가 다른 물체를 찾아와서 모양대로 나눠 놓기
- 모양 오리기 및 모양 찍기
- 같은 모양으로 분류하기
- 지오보드, 종이 접기 등을 가지고 원, 정사각형, 삼각형을 만들기
- 패턴 블록을 모아 새로운 모양을 만들기
- 종이를 반으로 접은 왼쪽 면에 있는 나비, 꽃 등의 대칭되는 반쪽 그림을 그린 후 나머지 부분 완성하기
- 모양과 크기가 같은 도형 찾기
- 물체의 형태적 특성 수수께끼로 내기

도형 관련 활동을 할 때 다음과 같은 어휘를 사용할 수 있다.

둥근, 원, 사각형, 삼각형, 원기둥, 꼭지, 반원, 피라미드, 대칭, 원, 동그라미, 칠각형, 정사각형, 사다리꼴, 원뿔, 육각형, 초승달 모양, 팔각형, 정육면체, 타원, 평행사변형, 마름모꼴, 오각형, 별, 꽃모양, 직선

3 측정

측정은 어떤 속성에 대해 비교할 수 있도록 물체에 숫자를 부여한 것이다. 영유아들은 하루의 생활 동안 측정에 관련된 많은 경험을 하게 된다. 측정활동은 영유아들에게 수학이 일상생활에서 유용한 것임을 알게 하며, 다양한 수학적 개념을 발전시키는데 도움을 제공한다. 영유아들은 "하늘에서 굵은 빗줄이 내려왔어.", "축구공이 탁구공보다 더 무겁지.", "아빠 발이 내 발보다 더 크잖아.", "내 생일은 멀었어. 그런데 크리스마스는 조금만 기다리면 돼." 등을 표현하면서 넓이, 길이, 무게, 시간에 관한 경험을 하게 된다.

영유아의 측정활동은 길이, 크기, 무게, 시간, 부피 등과 같은 물체의 속성을 탐색하고 이를 준거로 두 개의 물체를 직접적으로 비교하는 것으로부터 시작된다. 영유아들이 비교하기에 익숙해지면 순서 짓기 활동을 제공할 수 있다. 비교하기와 순서 짓기는 유사한 과정이지만 대상의 수에 차이가 있다.

1) 비교하기

비교는 두 비교 활동 사물의 관계뿐 아니라 두 사물 간의 공통점 및 차이점과 같은 속성을 이해하는 것이다. 순서 짓기보다 먼저 발달하고, 순서를 지을 수 있는 능력의 기초로 볼 수 있다. 영유아는 키를 비교하거나 무게를 비교할 때 어떤 방법이 적절한지 '비교할 수 있는 방법'을 찾아낸다. 벽면에 두 사람의 키를 표시하는 방법, 저울의

바늘이 멈추는 곳의 비교와 같은 방법을 찾게 된다.

영유아가 어떤 비교를 할 수 있기 전에 영유아는 반드시 비교될 속성에 대해 인지해야 한다. 예를 들어 '길이' 개념이 발달되지 않으면 두 물체 중 어느 것이 긴지 결정할 수 없고, 교사가 "더 길다."라고 말하면 유아는 '더 큰'을 생각할 수도 있다. 또한 보존 개념이 발달하지 않은 영유아들은 지각에 의존하여 길이에 대해 말할 수 있는데, 진짜 길이보다 한쪽 끝만 보고 길이를 이야기할 수도 있다. 따라서 두 물체를 동일하게 놓고 길이를 비교할 수 있도록 지도해야 한다.

또한, 교사는 일과 중에 정확한 비교 용어를 사용해야 하며(누구의 색종이 장수가 더 적을까? 더 작을까? 등), 반대되는 비교 용어를 함께 사용한다(토끼와 거북이 중 누가 빠른 동물이니? 누가 느린 동물이니?).

2) 순서 짓기(서열화)

순서 짓기는 순서대로 나열하기의 의미로 영유아가 자기 주위의 세계를 점차적으로 조직하는 방법이다. 세 개 이상의 사물을 사물 간의 어떤 차이를 인식하고 그 차이에 따라 사물을 순서 짓는 것이다. 사물을 어떤 차이에 따라 순서대로 배열하기 위해서는 먼저 사물들의 속성을 찾아내어 사물들을 반복적이고 연속적으로 비교할 수 있어야 한다. 순서를 지을 때는 시작과 방향이 있고, 일관된 규칙이 필요하다. 즉, 어느 쪽(예, 좌 또는 우, 상 또는 하)에서 시작해도 좋지만 중간에 진행 방향을 바꾸면 안 된다.

영유아에게 많이 나타나는 서열화 수준을 종합하면 단순서열, 복합서열, 이중서열로 구분할 수 있는데 구체적인 내용은 다음과 같다.

첫째 수준은 단순서열 단계로 한 가지 특성을 기준으로 세 가지 사물을 점진적으로 배열하는 것이다. 순서 짓기 중 가장 기본적인 것이다. 예를 들어, 긴 막대 3개를 순서대로 배열하는 것이다.

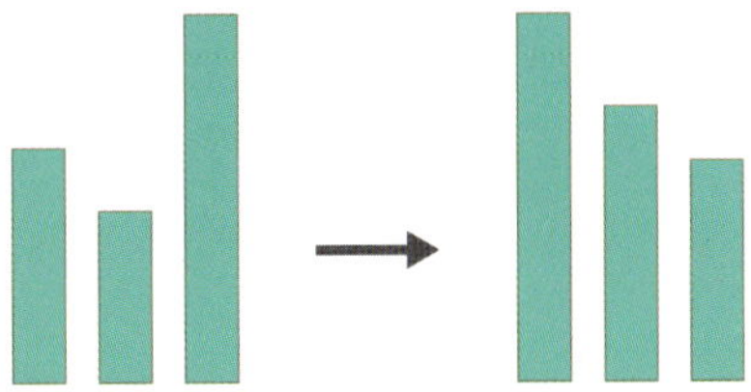

이러한 경험이 익숙해지면 새로운 사물을 이미 순서대로 배열되어 있는 사물 사이에 적절하게 놓는다.

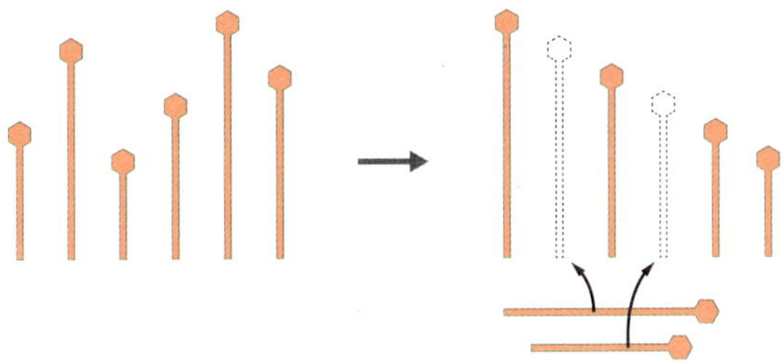

둘째 수준은 이중서열 단계로 서열화된 사물끼리 연결 짓는 것이다. 예를 들어, 5개의 토끼 인형을 책상 위에 크기 순서대로 올려놓고, 토끼 인형 앞에 바구니를 크기 순서대로 배열하는 것이다.

셋째 수준은 복합서열 단계로 세 개 이상의 물체를 두 가지 속성에 따라 순서를 짓는 것이다. 두 가지 속성을 동시에 고려해야 하므로 단순서열보다 훨씬 더 어렵다. 예를 들어, 초를 배열할 때 크기와 넓이 두 가지 속성을 함께 고려하여 순서대로 놓을 수 있다.

영유아가 순서 짓기를 수월하게 할 수 있도록 교사는 먼저 두 개를 비교한 뒤 세 개를 순서 짓고 차차 그 수를 늘려가도록 한다. 만약에 세 개를 순서 짓는 것을 어려워하면 가장 긴 것을 고른 후 나머지 두 개를 대보도록 지도한다. 또한 교사가 시범을 보이거나, 처음에는 교사가 배열하고 나머지는 영유아가 배열할 수 있도록 지도할 수 있다.

3) 측정하기

(1) 측정의 개념

① 길이와 높이

길이는 두 지점 간의 거리로서 일상생활의 다양한 상황과 관련 있다. 유아 단계에서 적절한 활동은 '보다 더 긴', '보다 더 짧은', '같은 길이의' 등과 같은 개념을 강화할 수 있는 것이어야 한다. 또한 책상 위에 블록을 쌓거나 높이가 다른 블록을 올려놓고 높이의 차이를 비교할 수 있다. 즉 '보다 더 높은', '보다 더 낮은', '더 큰', '더 작은' 등과 같은 어휘를 사용하면서 높이 개념을 이해하도록 도울 수 있다.

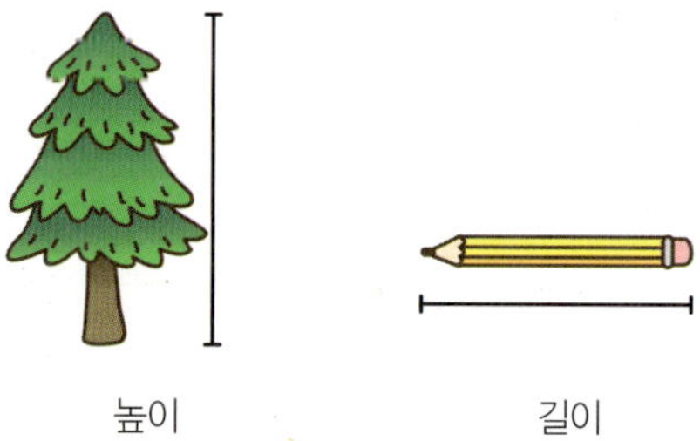

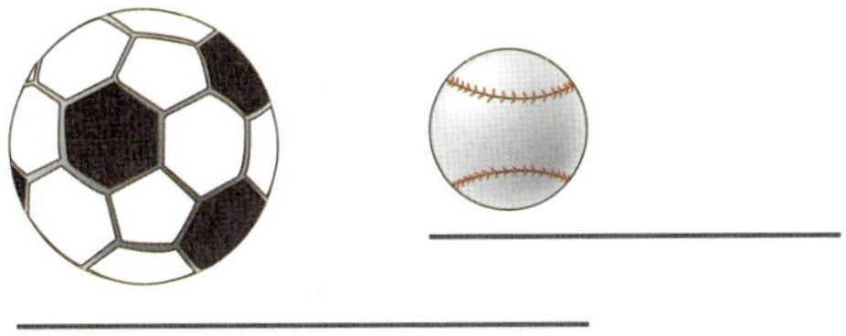

직선(예, 길이, 높이)보다 곡선(둘레)의 길이를 재는 것이 훨씬 어려울 수 있다. 둘레를 잴 때는 끈, 고무줄 등을 이용할 수 있다.

② 넓이

영유아들은 놀이를 통해 넓이의 개념을 경험한다. 넓이는 가로와 세로를 모두 고려해야 하는 측정이기 때문에 영유아들은 넓이의 측정을 길이의 측정보다 더 어려워한다.

교사는 유아들이 비표준화 단위로 두 물체의 넓이를 비교해 보는 활동을 제공할 수 있다. 색종이로 물체를 덮어 측정해 보거나, 발바닥을 이용하여 교실바닥의 카펫을 재어 볼 수도 있다.

③ 부피

부피는 3차원 개념으로 용기 내의 공간의 양을 의미한다. 부피의 측정은 넓이의 측정 이후 제공할 수 있으나, 영유아교육기관에서 영유아들은 부피를 측정하는 활동을 경험할 수 있다. 예를 들어 요리 활동이나 물놀이를 하면서 물이 얼마나 필요한 지 측정할 수 있다. 용량이 같지만 모양이 다른 용기에 액체를 옮겨 부어보는 활동을 하면서 부피도 넓이와 마찬가지로 부피가 같아도 형태는 다를 수 있음을 발견할 수도 있다.

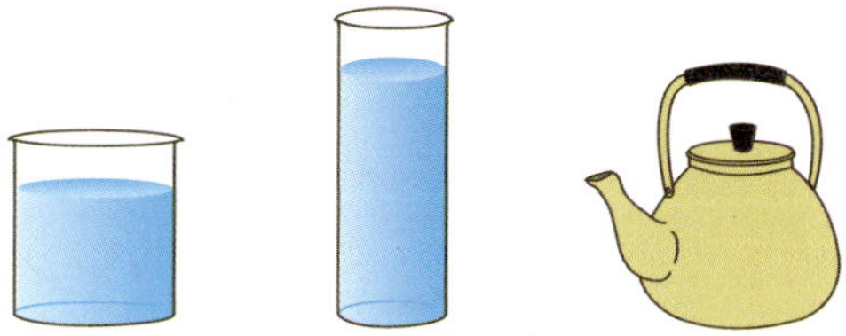

④ **무게**

지구상의 모든 물체는 무게를 가지므로 우리는 일상생활을 통해서 무게를 측정하는 경험을 자주 한다. 무게 측정은 신체의 감각을 통해서도 이루어질 수 있으므로 손쉽게 경험할 수 있는 활동이다. 무게는 영유아가 손으로 물건을 들어보며 측정할 수 있지만 일상용품으로 양팔저울 등의 이용하여 측정해 볼 때 정확한 측정의 경험을 제공할 수 있다.

특히 무게 측정과 관련하여 무게를 표시하는 어휘가 있고 물체의 무게는 물건의 크기에 따라 결정되지 않는다는 것을 지도해야 한다. 따라서 물체를 보는 것만으로는 물체의 무게를 판단할 수 없으므로 양쪽 손바닥에 물체를 올려놓고 비교하는 활동을 할 수 있다. 예를 들어, 양쪽 손에 탁구공과 골프공을 들고 무게를 측정, 비교함으로써 크기가 같더라도 무게가 같지 않을 수 있음을 인식할 수 있다.

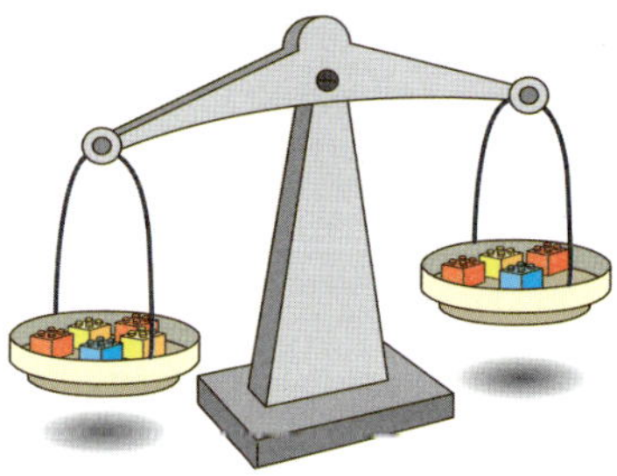

⑤ **시간**

시간은 과거로부터 현재를 통해 미래로 움직이는 비공간적인 연속체를 말한다. 길이, 넓이, 부피, 무게와 달리 눈으로 보거나 손으로 잡을 수 없지만 시계, 주, 월, 계절

시간적 순서

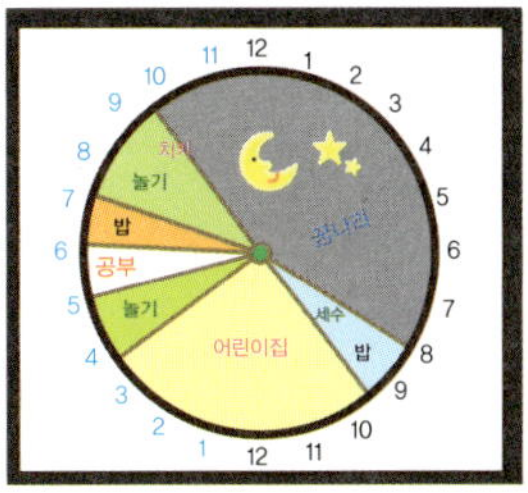

시간 간격

과 같은 단위로 측정 가능하다. 시간에 대한 이해는 몇 시, 몇 분과 같이 단순한 시각을 말할 수 있는 능력만 의미하는 것이 아니라 시간의 경과나 흐름을 지각하게 하는 것이다. 계절의 변화, 하루의 일과, 생일, 사건의 순서 등 다양한 시간적 관계를 포함하고 있다.

시간에는 시간적 순서(sequence)와 시간 간격(duration)이라는 두 가지 측면을 있는데 시간적 순서는 아침에 일어나서 세수를 하고 옷을 입고 아침을 먹는 등과 같은 사건의 순서와 관계가 있다. 시간 간격은 사건이 얼마나 오래 걸렸는가에 관한 것이다(잠을 8시간 잤다). 영유아는 대개 시간 간격보다 사건의 순서에 기초하여 시간 개념을 이해한다.

시간 개념이 발달하는 초기 단계에서는 사건의 전후 관계를 경험하면서 시간의 흐름을 인식하다가 점차 시간의 순서와 간격을 이해하게 된다. 하지만 이때에도 아직 시간은 비연속이라고 멈출 수 있는 것이라고 생각하다가 이후 사건의 시간적인 연속을 지속적으로 경험하면서 시간은 연속적이고 멈출 수 없다는 시간 개념이 점차 발달하

하루 일과표

게 된다. 따라서 영유아에게 먼저 하루의 사건 순서대로 생각해 볼 수 있는 기회를 제공하는 것이 바람직하다.

영유아는 영유아교육기관에 도착해서 사물함에 자신의 물건을 정리하고, 선생님께 인사를 하며 자유선택활동을 한다. 이처럼 매일 반복적으로 일어나는 하루 일과는 영유아들에게 큰 의미가 있고, 예측 가능한 시간의 순서가 되면서 시간의 흐름을 알도록 도와준다. 또한 요리 순서도에 따라 요리활동을 하거나, 수경재배를 통해 당근을 길러 보면서 관찰기록을 하거나, 미술활동을 하면서 사물을 아침, 낮, 해질 무렵 등 하루의 다른 시점에 따라 변하는 모습을 그려 봄으로써 영유아들이 시간의 흐름을 경험할 수 있다. 그리고 일상생활 속에서 시간과 관련된 어휘를 사용할 수 있는데 '~전에', '~다음에', '~후에' 등의 시간의 전후를 나타내는 어휘를 사용하면서 시간의 경과와 순서에 관한 개념을 형성하도록 도울 수 있다.

(2) 영유아의 측정 단계

영유아들이 측정을 하기 위해서는 적절한 측정기술을 획득해야 한다. 영유아들이 측정에 대해 이해하고 측정기술을 획득하는 단계를 구체적으로 살펴보면 다음과 같다.

첫 번째 단계는 감각운동기 영아에게서 나타나는 놀이와 모방의 단계이다. 영아들은 타인을 모방하여 숟가락을 갖고 측정하는 시늉을 하면서 놀이를 하거나 모래나 물을 다른 그릇에 옮겨 부으면서 부피의 속성을 탐색하기도 한다. 이 단계에서는 물체가 측정될 수 있는 특성(얼마나 긴지, 얼마나 무거운지 등)을 가지고 있다는 것을 인식하며 그 특성과 관련된 표현들의 의미를 익히게 된다.

우와! 되게 많다

두 번째 단계는 전조작기 유아에게서 나타나는 비교하는 단계이다. 무거운-가벼운 것, 긴-짧은 것 등을 비교하는 것을 좋아한다. 이 시기에는 보존개념이 형성되지 않아서 지각에 의존한 측정을 하며, 예를 들어 두 개의 막대기를 비교할 때 막대기 한쪽 끝만 보고 어느 것이 더 긴지를 판단하기도 한다.

세 번째 단계는 전 조작기 말과 구체적 조작기 초에 있는 유아들에게서 나타나는 비표준 측정단위(임의단위)를 사용하는 단계이다. 예를 들어 기둥에서 책상까지 거리를 재기 위해 막대를 사용할지, 발을 사용할지 등 거리를 잴 수 있는 적절한 단위를 선택해 보고 측정해 보는 경험을 하면서 비표준 측정단위를 사용해 보는 것이다.

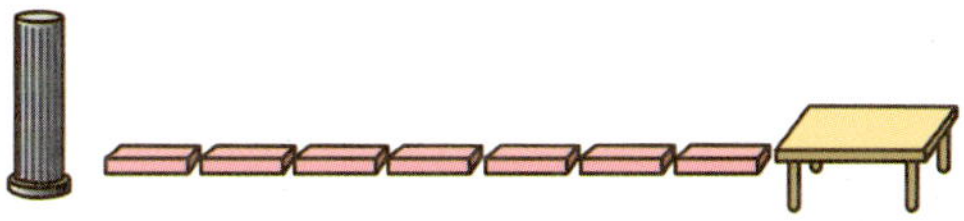

기둥에서 책상까지 막대로 7번

네 번째 단계는 구체적 조작기에 있는 유아들에게서 나타나는 표준단위의 필요성을 인식하는 단계이다. 비표준 측정단위(임의단위)는 다른 사람과의 의사소통에 불편하다는 것을 인식하게 되면서 보다 객관적이며 다른 사람이 쓰는 것과 같은 단위의 도구를 사용해야 한다는 것을 알게 되는 것이다.

다섯 번째 단계는 구체적 조작기에 있는 유아들에게서 나타나는 cm, m, *l*, g 등의 표준적 측정단위를 이해하고 사용하는 단계이다. 하지만 영유아기에는 표준단위보다 비표준단위의 사용을 권장한다. 표준단위보다 비표준단위가 유아에게 친숙하기 때문이다. 예를 들어 '자' 보다 '손바닥' 을 손쉽게 접할 수 있다.

	표준단위	비표준단위
길이	cm, m, km	클립, 깎지 않은 연필, 발, 끈
넓이	cm^2, m^2	타일, 색종이, 책, 일정한 크기의 종이
부피	cm^3, m^3, cc, mL, L	종이컵, 컵, 페트병, 주전자, 상자
무게	g, kg	양팔저울, 바둑알, 블록

(3) 측정활동의 교수방법

영유아들에게 적합한 측정활동을 위해서 교사는 다음과 같은 점을 고려해야 한다.

① 영유아는 학습지를 통한 연습문제보다 일상생활에서 접할 수 있는 사건이나 사물을 중심으로 측정하는 경험을 제공하는 것이 좋다.

② 측정활동을 영유아의 소극적 관찰보다는 영유아 스스로 실험하는 활동을 전개하며, 측정활동 과정이나 결과에 대해 자신의 생각을 정교화해보는 시간을 제공하는 것이 좋다.

③ 영유아들에게 표준화된 측정단위의 사용을 강요하지 말고 측정과 관련된 경험

을 자연스럽게 할 수 있도록 하는 것이 좋다.

영유아들은 다음과 같은 활동을 통해 일상생활 속에서 측정의 기초 개념을 발달시킬 수 있다.

- 블록 쌓기, 물놀이, 모래놀이를 할 때 측정과 관련된 비교 어휘 사용하기
- 친구들과 키 재고 비교하기
- 교통기관 중 어느 것이 더 빠른지, 어느 것이 더 느린 지 말해 보기.
- 물체의 무게를 비교할 때 양팔저울을 사용하기
- 두 개의 바구니에 구슬을 담고 무게 비교하기
- 물놀이 때 컵을 사용하거나 요리 시간에 티스푼을 사용하기

측정 관련 활동을 할 때 다음과 같은 어휘를 사용할 수 있다,

측정과 관련된 어휘
시간, 저울, 무거운, 시간, 달력, 가벼운, 시계, 길이, 측정, 부피, 날짜, 주일, 어림셈, 측량, 무게, 단위, 시, 분, 초, 요일, 년

4 규칙성

규칙성(패턴)은 사물의 모양이나 형태가 일정한 규칙을 가지고 반복되는 것을 의미한다. 영유아가 패턴을 이해하는 것은 여러 사물들 간의 관계를 파악하고 관련된 특성을 찾아내어 이를 일반화시키고 예측되는 능력을 학습하는데 도움을 제공한다.

영유아는 주변 생활 속에서 다양한 패턴에 대한 경험을 한다. 예를 들어 보도블록을 걸어가면서, 노래나 동시를 들으면서, 해가 뜨고 지는 것을 보면서, 옷이나 벽지·포장지에 그려진 그림 등을 보면서 패턴에 대해 경험하게 된다.

교사는 유아가 패턴에 대해 이해할 수 있도록 다음과 같은 단계로 다양한 패턴활동

을 제공할 수 있다.

첫째, 패턴 읽어보기 단계이다. 교사는 이미 구성되어진 패턴을 제시하고, 유아들이 이를 읽어보게 한다.

둘째, 패턴 예측하기 단계이다. 유아들이 다음에 무엇이 올지 패턴을 예측해 보게 한다.

셋째, 패턴 따라 놓아보기 단계이다. 유아들이 패턴을 따라 그대로 놓아보게 한다.

넷째, 패턴을 이어서 만들어 보기 단계이다. 유아들은 교사가 제시한 패턴을 보고 패턴을 이어서 만들어 본다.

다섯째, 패턴 끼워 넣기 단계이다. 패턴 중간쯤 일부분이 비었을 때 알맞은 것을 찾아 넣도록 한다.

여섯째, 나만의 패턴 창안해 보기 단계이다.

?	?	?	?	?	?	?	?

일곱째, 패턴의 형식을 다른 유형으로 바꾸어 놓아보기 단계이다.

1) 규칙성의 유형

규칙성의 유형은 다양하게 분류되고 있는데 일반적으로 다음과 같이 정리될 있다. 먼저 패턴은 규칙의 유형이 단순함에서 복잡함으로 변화함에 따라 다음의 세 가지 유형으로 구분할 수 있다.

첫째, 물체의 개수를 동일하게 늘여가는 유형이다.

둘째, 물체의 개수를 서로 다르게 변화시키는 유형이다.

셋째, 물체의 종류를 늘여가는 유형이다.

또한 패턴은 구성하고 있는 관계에 따라 반복패턴, 증가패턴, 관계패턴 세 가지 유

형으로 구분할 수 있다.

첫째, 반복 패턴으로 패턴을 구성하고 있는 요소가 규칙적으로 반복되는 형태이다. ○(동그라미) - □(네모), ○(동그라미) - □(네모) 같이 두 모양이 순서대로 반복하여 나타나는 것이다. 반복 패턴은 복잡한 정도에 따라 다양하게 표현될 수 있으나 가장 기본적인 유형은 AB 패턴이며, ABC · ABB, ABCC 패턴 등이 있다.

- AB 패턴 : ■ - ■, ■ - ■
- ABC 패턴 : 
- ABB 패턴 : ☾ - ☆ - ☆, ☾ - ☆ - ☆
- ABCC 패턴 : □ - ○ - △ - △, □ - ○ - △ - △

둘째, 증가 패턴으로 패턴의 핵심이 계속 성장하는 형태이다. □ - ○, □ - □ - ○와 같이 □가 하나씩 증가하는 것이다.

- □ - ○, □ - □ - ○
- ☾ - ☆, ☾ - ☾ - ☆, ☾ - ☾ - ☾ - ☆
- 

셋째, 관계 패턴으로 두 개의 세트 사이에 어떤 연결이 이루어지는 것이다. 예를 들어, 일곱 색깔 무지개를 토대로 1 - 7, 2 - 14, 3 - 21과 같은 형태의 패턴을 만드는 것이다.

-  : 1 - 2, 2 - 4, 3 - 6
-  : 1 - 7, 2 - 14, 3 - 21
-  : 1 - 10, 2 - 20, 3 - 30

패턴은 표현 양식에 따라 운동적 패턴, 청각적 패턴, 시각적 패턴 세 가지 유형으로 구분할 수 있다.

첫째, 운동적 패턴으로 신체를 이용하여 패턴을 만드는 것이다. 예를 들어, 

- , - - 를 반복하는 것이다.

둘째, 청각적 패턴은 여러 가지 소리를 이용하여 패턴을 만드는 것이다. 예를 들어 - - , - - 소리를 반복하는 것이다.

셋째, 시각적 패턴은 물체나 그림을 이용하여 패턴을 경험하는 것으로 벽지, 포장지 등 시각적으로 알 수 있는 것을 이용하여 패턴을 만드는 것이다. 유아들은 입고 있는 옷, 타일 바닥 등 주변 환경에서 시각적으로 패턴을 발견할 수 있다.

2) 규칙성 활동(패턴)의 교수 - 학습방법

유아가 패턴을 만들어갈 때 자료의 다양한 속성 중에서 색깔과 모양에 초점을 두는 경우가 많으므로 교사는 유아들에게 다양한 형태로 패턴을 경험하고 패턴의 준거를 언어로 표현하도록 경험하게 하는 것이 좋다. 이를 위해 유아들이 주변 환경에서 규칙성을 인식하며, 영유아교육기관에서의 경험을 통해 예측하고 활용할 수 있도록 한다.

유아들은 다음과 같은 활동을 통해 일상생활 속에서 규칙성의 개념을 이해할 수 있다.

- 게임을 하기 위해서 남자, 여자, 남자, 여자로 서 있는 경우(- - -)에 규칙성(패턴) 찾아보기
- 손뼉치고 발 구르기, 손뼉치고 발 구르기(- - -)의 청각적 패턴 따라하기
- 빨간 구슬, 노란 구슬, 빨간 구슬, 노란 구슬(- - -)의 순서로 구슬 목걸이를 만들어 보기
- 꽃, 나비, 꽃, 나비, 나비(?)의 순서로 배열할 때 중간에 빈자리에 무엇이 들어가야 하는지 말하기
- 다양한 자료를 사용하여 스스로 규칙성(패턴)을 만들어 보고 친구들에게 설명하기

유아들에게 적합한 규칙성 이해 활동을 위해서 교사는 다음과 같은 점을 고려해야 한다.

① 유아 스스로 패턴의 형태를 관찰하고 발견하게 하여 성공의 기쁨을 경험하게 한다.
② 다양한 패턴을 생각해 내도록 격려한다(Burk, Sinder & Symonds ,1993). AB AB, AAB AAB, ABB ABB, ABC ABC 같은 패턴을 복사하고, 확장하고, 만들어내도록 한다. 물체를 모아 색깔, 크기, 모양, 형태 등 다양한 속성에 따라 패턴을 만들어 보도록 격려한다.
③ 유아가 즐기지 않고 지루해하면 활동의 난이도를 고려하여 유아가 즐길 수 있도록 재구성하는 방향을 모색한다. 유아에게 강요하지 말고 관찰하거나 나름대로 패턴을 만들어 보도록 격려해야 한다. 또한 유아가 다양한 패턴 활동을 하면서 자신이 관찰한 것을 설명하고 패턴에 대해 이야기하도록 격려해야 한다(권영례, 이영자, 이정욱, 1998).

규칙성 활동을 할 때 다음과 같은 어휘를 사용할 수 있다.

규칙성과 관련된 어휘
반복, 홀수, 짝수, 시각적 패턴, 청각적 패턴, 숫자 패턴, 운동적 패턴, 연속적인 패턴

5 자료 수집 및 분석

자료 수집 및 분석은 실제 생활 경험에서 수집한 자료를 분류하고 이를 그래프로 조직하여 제시, 설명하는 것으로 통계학에 해당한다. 자료를 수집하고 분석하며 통계적 사고를 길러주기 위해서는 주변의 수많은 정보들로부터 영유아를 보호하기 위해 영유아 스스로 자료를 모으고, 조직하고, 정리하여 분석할 수 있는 기회를 제공해야 한다. 영유아들은 친구와 나의 저금통 중 누구의 것에 동전이 더 많이 들어 있는지, 친구 집과 우리 집에는 가족이 각각 몇 명이 있는지, 우리 친구들이 가장 좋아하는 애

완동물은 무엇인지? 등 생활하면서 의식적으로든지 비의식적으로든지 다양한 통계 활동을 경험하게 된다. 이러한 경험을 통해 정보를 수집하고 분류하고 표현하고 분석하고 해석할 수 있다면 편리한 생활을 할 수 있을 것이다.

영유아가 자료를 수집하고 이를 조직할 수 있기 위해서는 사물을 준거에 따라 분류할 수 있는 능력이 선행되어야 한다(여성가족부, 2005). 이러한 입장에서 영유아기의 자료 분석을 분류하기와 결과 나타내기 활동으로 나누어 살펴보면 다음과 같다.

1) 분류하기

분류하기란 물체를 속성에 따라 범주나 영역으로 나누거나 모으는 과정을 말한다. 영유아가 자기 주변 환경 안에 있는 정보 및 자료들을 효과적으로 처리하기 위해 물체의 공통된 속성에 따라 그룹으로 묶어보는 논리적 조직 활동이 분류하기인 것이다. 영유아들이 분류를 하려면 먼저 여러 속성 중 다른 속성들을 무시하고, 물체들 간의 공통성이나 유사성을 찾아 그 준거를 다른 물체에도 지속적으로 적용할 수 있어야 한다.

분류하기 활동의 예

분류하기는 영아기부터 발달한다. 예를 들어, 모든 것을 입으로 가져가지만 음식물이 아닌 것은 빨기는 하되 먹지는 않고 음식물만 먹는 행동이 분류하기의 기초라 할 수 있다(한유미, 2014).

분류하기는 크게 단순분류와 복합분류 두 가지 유형으로 나누어 볼 수 있으며 구체적으로 살펴보면 다음과 같다.

(1) 단순분류

단순분류는 사물들 간의 공통된 한 가지 속성에 따라 분류해 보는 활동이다. 처음에 제시할 때는 제시된 준거에 따라 분류해 보고 그 이후에는 자기 스스로 준거를 만들어 분류해보는 활동으로 진행할 수 있다(예: 친구가 되는 것끼리 모아 보자.). 점차 이러한 활동이 익숙해지면 이미 분류된 결과를 보고 어떤 준거로 분류했는지 유아들에게 유추해 보도록 할 수 있다(예: 이 그림들은 어떻게 모았을까?).

(2) 복합분류

복합분류는 사물들 간의 두 가지 이상의 속성을 고려하여 사물을 분류하는 것을 의미하는 것으로 이를 위해서는 한 가지 물체가 여러 가지 속성을 가질 수 있음을 이해하고 있어야 한다. 복합분류 개념의 발달을 위해서 유아가 한 물체를 다른 방법으로 사용하거나 다른 준거로 재분류해 보는 기회를 갖도록 하는 것이 좋다. 복합분류는 단순분류보다 훨씬 어려운 과제이므로 일과를 통해 처음에는 모양에 따라 분류하다가 나중에는 색깔에 따라 분류해 보거나, 자신이 선택한 분류 준거를 친구의 분류 준거와 비교해 보는 기회를 제공할 수 있다(예: "나는 모양에 따라 분류했는데, ○○이는 색깔에 따라 분류했어요.").

2) 결과 나타내기(그래프 활동)

자료의 결과 나타내기는 분류한 자료를 기준에 따라 체계적으로 조직하여 여러 가지 형태의 그래프로 나타내어 자료 간의 관계를 파악하는 것이다. 영유아교육기관에서 영유아들은 관심 있어 하는 주제에 따라 자료를 모으고 조직하고 이를 그래프로 나타내는 활동을 자주 경험하게 된다. 이런 활동은 영유아들에 따라서 매우 즐겁고 협동적으로 이루어질 수 있다. 그래프 활동은 분류하기, 순서짓기, 수개념, 부분과 전체 등을 내포하는 종합적인 수학과정으로 다른 수학 개념들보다 어렵다.

자료의 결과를 나타내는 그래프는 실물그래프, 그림그래프, 막대그래프, 원그래프, 꺾은선 그래프 등 여러 가지 형태로 표현할 수 있다. 영유아기에 적합한 표상유형 및 영유아의 그래프 발달단계를 살펴보면 다음과 같다(Charlesworth, 2000).

(1) 1단계 : 실물그래프 단계

영유아가 실물을 사용하여 그래프를 만드는 단계로 사물을 그래프 판 위에 직접 놓아서 만드는 3차원적 그래프이다. 그래프 활동의 기초가 되며, 실물을 사용하기 때문에 구체적인 경험을 제공한다. 이 단계에서는 단 2개 항목을 비교하는 경우가 많으며, 영유아 자신이 그래프가 될 수도 있다(예: 친구와 키재기).

(2) 2단계 : 그림그래프 단계

그림그래프는 물체의 그림에 색칠을 하여 사용하거나 물체의 사진이나 그림, 스티커 등을 오려 풀로 붙여 그래프를 만들 수 있다. 실물그래프와 상징그래프 간의 중간 단계로 실물 대신 실물의 그림을 이용하며, 두 가지 이상의 항목을 비교할 뿐만 아니라 실물그래프가 불가능할 경우 사용된다. 예를 들어, 실물을 교실에 가지고 올 수 없는 경우(이용해 본 교통기관), 실물이 한 자리에 가만히 있지 못하는 경우(애완동물) 등이다.

(3) 3단계 : 상징그래프 단계

상징그래프는 어떤 물체를 표상하기 위해 추상적 매체를 사용하는 것이다(예: 正, 卌). 또한 유아는 칸이 쳐진 차트에 동그라미, 네모 등을 오려서 사용한다.

교사가 그래프 활동을 지도할 때에는 영유아의 관심과 흥미, 이해 수준에 적절하고 궁금해 하는 주제를 선정하여 자료를 수집하도록 이끈다. 이 과정에서 비교할 집단의 개수와 그래프의 유형을 결정하고, 그래프에 이용하는 자료의 크기와 자료를 붙이는 간격을 동일하게 하며(바둑판 모양), 각 범주의 의미를 알 수 있도록 그래프에 이름표나 설명을 붙여주는 등 적절한 도움을 제공해야 한다(교육과학기술부, 2008). 그래프가 완성된 후에는 다양한 언어적 상호작용을 할 수 있다(예: 어떤 것이 더 많니?, 어떤 것이

더 적니?, 제일 많은 것은 무엇이니? 제일 적은 것은 무엇이니? 등)

내가 좋아하는 애완동물

7				
6				
5	♡			
4	♡		♡	
3	♡		♡	♡
2	♡	♡	♡	♡
1	♡	♡	♡	♡
	강아지	고양이	금붕어	거북이

유아들은 다음과 같은 활동을 통해 일상생활 속에서 자료 분석 활동의 개념을 이해할 수 있다.

- 씨앗이 싹터 자라나는 것을 관찰하고 성장 그래프 만들기
- 자유선택활동시간에 매일 누가 어떤 영역을 선택해서 놀이했는지 목록을 만들고 그래프를 작성하기
- 동물 먹이 목록을 만들어 무엇을 먹고 무엇을 먹지 않았는지 표시하기

자료분석 활동을 할 때 다음과 같은 어휘를 사용할 수 있다.

자료 분석과 확률에 관련된 어휘

자료, 유형, 나누기, 기록, 막대그래프, 어림, 그림, 그리기, 조사, 그래프, 원그래프, 선그래프, 표, 눈금

자료 조직 관련 어휘

~더 적은, ~더 많은, ~과 같은, 더 긴, 가장 긴, 더 짧은, 가장 짧은, 최대, 최하, 최소, 아무것도 없는, 모두, 약간, 많은 등

4 아동수학교육의 통합적 접근방법

최근 영유아의 전인 발달을 도모하고 보다 의미 있는 교육과정을 제공하기 위해 통합적 접근에 의한 교수-학습방법을 적용하고 있다. 통합적 접근방법은 영유아의 흥미와 요구를 중요시하고, 주제 중심 또는 교과 중심으로 통합하여 가르치는 방법으로 영유아의 조화로운 발달과 효율적 학습을 위해 적합하다 할 것이다.

본 장에서는 영아를 위한 수학교육의 통합적 접근방법과 유아를 위한 수학교육의 통합적 접근방법으로 구분하여 제시하였다.

1 영아 수학교육의 통합적 접근방법

영아는 일상생활에서 자발적인 탐색을 통해 수학을 학습한다. 따라서 교사는 영아가 어린이집에서 보내는 일과 동안 구체적이고 직접적인 환경과 주변을 감각적으로 탐색하는 경험을 제공해야 할 것이다. 더불어 교사는 영아의 자발적 탐색을 지원하고 확장하는 기회를 제공하는 데 중점을 두어야 한다.

다음은 영아의 자발적인 탐색이 이루어지는 놀이와 일과에서 이루어질 수 있는 수학교육의 통합적 접근방법이다.

1) 놀이를 통한 수학적 탐색활동

영아들은 다양한 놀이에 참여하며 수학을 학습하고 소근육발달이 이루어진다. 특히 영아기에는 손과 눈의 협응과 소근육발달이 이루어지기 시작하므로 소근육 조작놀이를 충분히 제공해야 한다. 쌓기놀이영역에서 크기와 모양이 다른 다양한 블록을 가지고 놀면서 짝짓기, 수 세기, 비교하기, 같은 것끼리 모으기 등 수학 내용에 대해 학습한다.

영아들은 감각·탐색영역에서 동물, 과일 등의 모양퍼즐을 맞춰보며 정교하게 손을 이용하여 손근육발달을 이루고 도형과 공간 관계에 대해 서로 탐색한다. 또한 크기가 다른 형태를 크기 순서대로 쌓거나 끼우는 활동은 크기의 순서적 관계를 탐색하기에 적합한 활동이다. 이러한 과정에서 더 크고, 더 작고, 더 높고, 더 낮고 등의 관계적 크기에 관련된 어휘 사용의 기회를 제공할 수 있다. 구슬끼우기 활동을 통해 서로 소근육이 정교하게 발달하고 패턴에 대해 인식하고 규칙성에 대해 탐색할 수도 있다.

영아들은 음악 소리에 맞추어 고개나 발로 장단을 맞추는 것을 볼 수 있다. 반복적인 리듬은 영아들에게 패턴, 1:1 대응 등 수학을 학습하는 데 도움이 된다. 음악에 맞추어 손뼉치기, 걷기 등의 활동을 통해 패턴, 1:1 대응에 대해 학습한다.

2) 일과에서 수학적 탐색활동

영아들은 일과에서 자연스럽게 수학적 관계를 경험할 수 있는 기회를 접하게 되며, 교사는 이를 적극 활용하는 것이 바람직하다. 간식시간에 각 영아가 빵을 한 개씩 갖도록 한다든지, 누가 더 많이 가졌는지 등의 질문을 통해 영아에게 다양한 수량적 관계를 학습하도록 유도할 수 있다. 또한 계단을 오를 때 수를 세거나 놀잇감을 정리할 때 사진이 붙여진 바구니에 담도록 하는 등 일상생활에서 일어나는 다양한 상황과 위치, 크기, 형태, 수량 관련 수학적 어휘를 사용하여 이야기해 주면 영아의 수학학습을 도울 수 있다.

따라서 교사는 일과에서 영아들이 자연스럽게 수학교육을 경험하게 하기 위해 영아에게 실물자료 및 구체물을 놀잇감으로 제공하고 수학적 어휘를 사용하여 상호작용을 해야 한다.

2 유아 수학교육의 통합적 접근방법

유아를 위한 교육과정의 통합에는 여러 가지 방식이 있는데 영유아교육기관에서 많이 활용되고 있는 일상생활에서의 통합, 교과와 관련된 통합, 주제 중심 통합에 대해 구체적으로 살펴보면 다음과 같다(문연심, 2010; 이정욱, 유연화, 2014; 홍혜경, 2010).

1) 일상생활에서의 통합

유아는 일상생활 속에서 수학을 발견하고 수학을 이해하며 학습한다. 유아가 일상적으로 하는 일들이 바로 수학인 것이다. 유아들은 일상생활에서 사물을 탐구하고, 비교하는 과정을 통해 비형식적인 수 개념을 능동적으로 구성해 나간다(박정태, 2011). 즉, 유아는 학문으로서의 수학보다는 삶의 필요에 의한 수를 일상생활에서 자연스럽게 경험한다. 이에 만 3~5세 누리과정 '수학적 탐구하기'에서 수학은 유아의 일상생활과 밀접하게 관련이 있고 주변 세계를 이해할 수 있게 하는 중요한 도구이며, 유아는 생활 속에서 나타나는 여러 상황으로부터 초보적인 수학적 개념과 기능을 습득하게 된다(보건복지부, 교육과학기술부, 2013)고 제시하고 있다. 따라서 교사는 일상 속에서 일어나는 다양한 상황이나 문제를 수학교육과 연계시킬 수 있도록 노력하여야 한다.

영유아교육기관에서는 교사가 계획한 수학 관련 활동뿐만 아니라 교실 환경에서도 수학교육이 자연스럽게 이루어진다. 예를 들면, 하루 일과 그림판을 통해 하루 활동의 순서를 알고 일과가 이루어지는 규칙성 및 자유선택활동시간 후에 간식 시간이 온다는 등의 시간의 개념도 이해하게 되고, 개인물품과 교실의 놀잇감 자리 표시는 영유아가 '구분하기'를 시도하며 정리하는데 도움을 준다. 등원 시간, 간식 시간, 전이

시간에 이루어지는 교사-유아와의 짧은 상호작용을 통해서도 유아의 수학적 경험이 제공된다. 유아가 직접 간식이나 물건을 나눠줄 때 참여함으로서 1:1 대응을 경험할 수 있고, '다음은 이야기 나누기 시간이야', '이제 놀이를 마칠 시간이야' 등과 같이 교사가 자연스럽게 반복하여 사용하는 하루 일과와 관련된 어휘는 영유아가 일과 흐름의 규칙성을 자연스럽게 이해하도록 도울 수 있다. 그러므로 교사는 일과 중에 일어나는 수학교육의 순간을 포착하여 자연스러운 수학경험을 제공하고 의미 있는 맥락에서 수학적 지식을 확장시켜야 한다(이경민, 이혜경, 이은정, 2015).

이처럼 유아기 수학교육은 수학적 지식 보다는 수에 대한 긍정적인 태도를 형성하는 것이 중요하다. 따라서 유아를 위한 수학교육은 암기나 주입식 지식보다는 일상생활 중 자연스러운 상황에서 경험할 수 있도록 허용적인 분위기를 조성하는 것이 바람직하다. 특히, 모든 상황에서 숫자에 대해 질문하거나 인위적인 상황을 만들어 수 관련 어휘를 사용하거나 유아로 하여금 수를 세게 하지 않도록 해야 한다.

다음의 예는 만 5세 교실에서 수 구슬로 출석을 부르는 활동이다.

수 구슬로 출석 부르기

수학 관련 목표

수 구슬을 사용하여 출석을 부름으로써 구체물을 사용한 더하기와 빼기를 경험한다.

활동내용 ① 수 구슬 소개하기
② 수 구슬을 이용하여 출석 부르기
③ 수 구슬을 어떻게 움직였는지 이야기 나누기
④ 유아가 나와서 수 구슬로 세어보기
⑤ 출석과 결석 수에 대해 알아보기

☞ 일부 유아는 십의 자리를 나타낼 때 구슬의 위치를 인지하였음

☞ 유아들은 사진의 수와 숫자를 통해 이해함은 물론 10진법의 원리에 대해 이해하는 기회가 되었음.

2) 교과 간 통합

교과 간 통합은 서로 다른 교과를 통합시키는 것을 말한다. 수학 교과는 유사한 과학 교과와 통합하거나, 언어 교과, 미술 교과, 음악 교과, 사회 교과 등과 통합하여 통합교육의 효과를 높일 수 있다.

(1) 수학과 과학의 통합

수학과 과학의 통합은 자연환경과 사물이 수학과 과학 학습을 위한 구체적인 상황적 맥락을 제공하기 때문에 자연스럽게 이루어질 수 있다. 자연과 주변 세계의 사물들은 유아에게 호기심을 갖게 할 뿐 아니라 수학적·과학적 사고와 경험을 위한 맥락을 자연스럽게 제공한다. 또한 유아에게 궁금한 자연환경이나 현상에 대해 정보를 수집하고 문제를 해결하는 탐구의 과정을 제공하기 때문에 수학과 과학의 통합이 자연스럽게 적용될 수 있다.

특히 요리활동도 수학·과학 통합 활동이 이루어지는 대표적인 활동이다. 유아들은 요리 재료를 탐색하고 물리·화학적 변화를 관찰하면서 과학적 개념을 접하게 된다. 재료를 분류하고, 양을 계량하는 등 요리하는 모든 과정을 통해 수 세기, 1:1 대응, 양과 무게의 개념, 도형개념, 측정과 같은 기초적인 수학적 개념을 학습하게 된다.

수학과 과학의 통합

우리 반에서 제일 큰 친구는?

생활주제 나와 가족

연 령 만 4세

활동목표
1. 나의 키가 다른 사람과 다름을 안다.
2. 키를 잴 수 있는 다양한 방법을 찾아보고 길이를 재어 본다.
3. 키를 표시한 그래프를 보고 비교해 본다.

누리과정
- 신체운동 · 건강〉신체 인식하기〉 감각능력을 기르고 활용하기
- 자연탐구〉 수학적 탐구하기〉 기초적인 측정해 보기
- 자연탐구〉 수학적 탐구하기〉 기초적인 자료 수집과 결과 나타내기

활동자료 유아의 전신 그림, 신장기, 키 표시판, 목각인형, 낮은 책상, 종이 벽돌 블록, 동화책, 손바닥 그림, 필기구

활동방법

① 가족 목각 인형을 크기 순서대로 놓아보기
- 앞에 무엇이 있니?
- 각각의 길이가 어떠니?
- 어떻게 다르니? (아이가 작아요. 어른 인형이 길어요)
- 누가 나와서 길이가 긴 것부터 짧은 것으로 놓아 줄 수 있니?

② 우리 반에서 키가 가장 큰 어린이, 키가 가장 작은 어린이를 알려면 어떻게 해야 하는 지에 대해 이야기 나누기
- 우리 반에서 키가 가장 큰 친구는 누구일까?
- 그것을 알려면 어떻게 할까? (서로 키를 대어 보아요)

③ 유아의 전신 그림에 유아들이 이야기 한 방법대로 키를 재어보기
- 벽돌블록(동화책, 손바닥 그림)으로 키를 재볼까?

④ 유아들의 키를 색 테이프로 붙인 키 표시판을 자유선택활동 시간에 제시하기
- 너희들의 키만큼 색 테이프를 붙여서 우리 반 아이들의 키 그래프를 만들었어.

- 키는 무엇으로 재어 보고 싶니?
- 너의 키가 블록 몇 개와 같아졌니?
- 키는 손바닥 종이 얼마 만큼이니? (손바닥 9개보다 조금 커요)
- 그럼, 다른 사람들에게 너의 키를 얼마 만큼이라고 이야기하면 좋을까?

⑤ 키를 재 본 후 그 결과를 기록한 후 이야기 나누기
- 누구 키가 가장 큰가? 어떻게 알 수 있었나?

⑥ 키를 잰 결과를 전시하여 우리 반 친구들의 키를 순서대로 비교해 보기

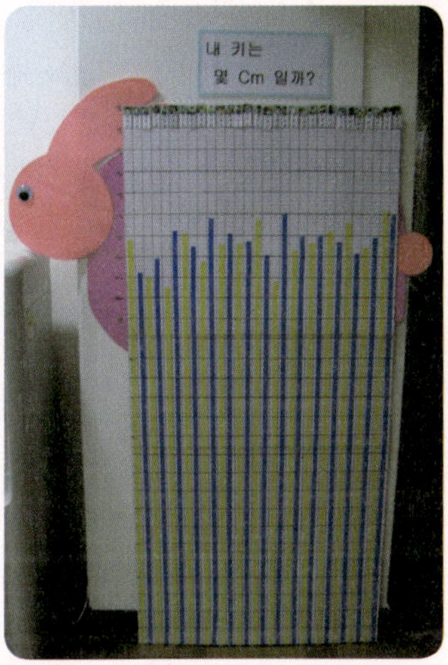

활동평가 **유아의 학업 성과 측면**

- 유아들은 키가 서로 다름을 알고 키를 잴 수 있는 다양한 방법에 대해 찾아 볼 수 있 었다.
- 기준점을 인식하고 이를 기점으로 자신의 키를 다양한 방법으로 측정하는 경험을 할 수 있었고, 이러한 과정을 통해 자신들이 선택한 놀잇감, 손바닥 그림 등의 비표준화된 방법으로는 정확히 키를 재지 못하는 한계점을 인식하고 표준화된 도구의 필요성을 인식할 수 있다.

교수-학습방법 측면

- 다양한 측정도구를 가지고 유아들과 키 재보기 활동을 시도하였다. 그러나 키를 잴 때, 어디서부터 키를 재어야 하는가 등 측정방법에 대해 낯설어하

는 유아들이 있었다. 때문에 유아들이 측정을 할 때, 기준선을 두고 측정을 할 수 있도록 하며 기준선이 왜 필요한지에 대해서 지속적으로 상호작용을 해주었다.

- 그리고 측정도구를 바꿔가며 키를 재는 유아도 있었다. 이러한 유아의 경우 동일한 측정도구를 사용하여 측정해야 함을 설명해 주었다.

관련활동 **과학영역에서 가을 과일 둘레 재기**

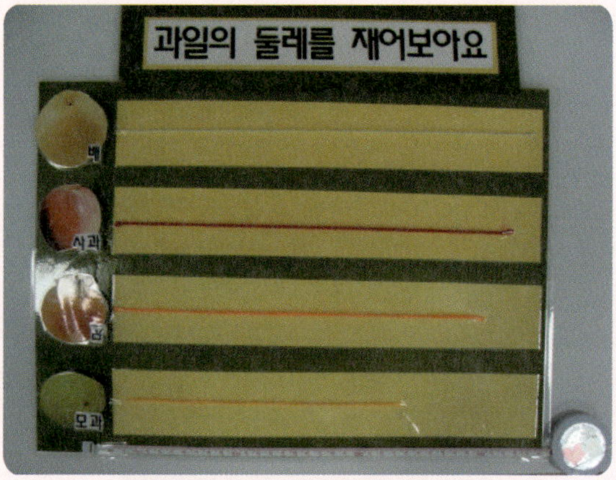

수학과 과학(요리)의 통합

호박전 만들기

학습주제 우리나라

연　　령 만 4세

활동목표
1. 호박전의 재료를 다양한 방법으로 탐색하고 요리 과정을 이해한다.
2. 호박의 모양에 관심을 갖고 관련된 평면 도형의 특징을 알아 본다.
3. 요리재료의 길이를 비교하고, 수를 세어본다.

누리과정
- 자연탐구〉 과학적 탐구하기〉 물체와 물질 알아보기
- 자연탐구〉 수학적 탐구하기〉 공간 및 도형의 기초 개념 알아보기
- 자연탐구〉 수학적 탐구하기〉 수와 연산의 기초 개념 알아보기

활동자료 요리보, 앞치마(교사용, 유아용), 머릿수건(유아용), 행주, 요리 순서도, 호박, 밀가루, 계란, 전기 프라이팬, 식용유, 포크, 큰 볼, 계량컵, 계량스푼, 거품기, 국자, 뒤집개, 칼, 숟가락

활동방법

① 호박전을 먹어 보았던 경험에 대해서 이야기를 나누기
- 언제 호박전을 먹어 보았니?
- 어떤 호박전이었니?(호박전, 호박부침)
- 호박전과 호박부침을 만들어 보기로 하자.

② 호박전의 재료와 도구를 탐색해 보기
- 호박이 어떠니? (색깔, 모양, 냄새 등)
- 요리도구를 탐색하면서: 유아들은 각각의 요리재료와 상황에 알맞은 요리도구들을 대응시켜 본다.

◎ 호박을 썰 때 – 칼　　◎ 물을 계량할 때 – 계량컵
◎ 달걀을 섞을 때 – 거품기　　◎ 호박전 뒤집을 때 – 뒤집개

③ 호박전을 만들어보기
- 유아들은 호박전을 각자 따로 먹는 방법과 크게 만들어서 나누어 먹는 방법 중 원하는 방법을 선택하여 두 가지 형태로 나누어 요리를 해본다.

조 이름	각자 따로 만들어 먹어요	크게 만들어서 나누어 먹어요
만드는 방법	• 호박을 썬다. -반으로 잘라보자. 어떤 모양이 되었니? • 개인그릇에 잘려진 호박 조각을 4개씩 담는다. • 밀가루에 호박을 묻힌다. -밀가루를 왜 묻힐까? • 계란을 푼 그릇에 잘려진 호박을 담근다. • 전기 프라이팬이 달궈지면 기름을 두르고 호박을 프라이 팬 위에 놓는다. • 익으면 뒤집는다. • 평가를 한다. -요리를 하고 나니 어떤 기분이 들었니? - 모양은 왜 변했을까? - 색깔은 왜 변했을까?	• 호박을 잘게 썬다. 잘게 썬 호박을 길이 순서대로 놓아본다. • 큰 볼에 밀가루를 5컵 넣는다. • 큰 볼에 물 1컵, 달걀 2개를 넣는다. • 큰 볼에 잘게 썬 호박을 넣는다. • 거품기를 사용하여 잘 젓는다. • 식용유를 두른 프라이팬에 모두 부어 굽는다. • 표면이 노릇하게 익으면 뒤집는다. • 평가를 한다. -요리를 하고 나니 어떤 기분이 들었니? -처음에 우리가 보았던 호박과 우리가 만든 호박전의 모습이 어떻게 다르니? -모양은 왜 변했을까? -색깔은 왜 변했을까?

④ 완성된 호박전을 어떻게 나누어 먹으면 좋을지에 대해 이야기 나누기

조 이름	각자 따로 만들어 먹어요	크게 만들어서 나누어 먹어요
만드는 방법	동생반과 나누어 먹자고 의견을 제시하여 병아리반 동생들의 수를 신발장을 세어 확인한 후 자신이 만든 호박전을 3개씩 먹고, 남은 1개를 동생들에게 나누어 주기로 하였다. 교사: 병아리반 동생들은 모두 몇 명일까? 어떻게 알 수 있을까? 유아: 장을 세어 보아요. (징을 세고 나서) 30명 우리랑 똑같아요. 교사: 그럼 어떻게 나누어 줄까? 우리와 똑같이 30이니까 우리가 한 개씩 줘요.	유아들은 동그란 호박전의 모양에서 피자를 연상하여 피자처럼 자르면 모두 똑같이 먹을 수 있다고 이야기하였다. 유아들은 나누어 먹은 인원을 함께 세어보고 모두 8명임을 확인한 후에 8조각을 내어 나누어 먹기로 하였다. 유이: 기다란 피지다! 유아: 아니야 호박전이랬잖아! 교사: 어떻게 나눌까? 몇 개로 나누면 되겠니? 유아: 피자처럼 잘라요. (2조 유아의 명 수를 세어 본다.)

⑤ 유아들이 만든 호박전을 점심 반찬으로 먹기

활동평가 **유아의 학업 성과 측면**

- 유아들이 동그란 모양의 호박을 같은 등분으로 조각내는 것을 익숙해 하고 잘하였다.
- 잘려진 호박의 크기 비교 활동은 유아들이 낯설어했으며, 크기 비교를 할 수 있는 방법에 대해 창안해 내지 못하였다. 기존에 했던 다양한 측정방법에 대해 언급해 보면서 크기 비교의 방법에 대해 유추할 수 있도록 하였고, 몇몇의 유아들이 겹쳐서 크기 비교를 할 수 있음을 고안해 내었다.

교수-학습방법 측면

유아들이 역할놀이에 제시된 음식모형이나 『동그라미 떼굴떼굴』과 같은 동화를 통해 같은 크기로 음식을 나누는 활동에 익숙해져 있었다. 다양한 활동을 통해서 도형을 제시하여 유아들이 도형의 형태 및 활용을 친숙하게 느낄 수 있도록 해야겠다.

(2) 수학과 언어의 통합

수학에 있어 언어는 의사소통 및 상호 이해의 측면에서 중요하다. 특히 언어활동을 통한 수학의 통합적 접근은 수학적 내용이 포함되어 있는 동화 들려주기, 동시, 동극을 활용함으로써 이루어진다. 동화·동극과 수학과의 통합은 동화·동극의 이야기 내용이나 줄거리 구성이 수 세기, 비교하기, 규칙성 등의 수학적 개념을 포함하고 있다. 동시는 일정한 형식과 리듬, 운율이 있어 유아들이 흥미 있어 하고 쉽게 외우기도 한다. 수와 관련된 동시는 유아들에게 수 개념을 깊이 이해할 수 있도록 하며, 규칙성, 순서 짓기 등 수학적 개념 학습에 효과적이다.

수학과 언어(동극)의 통합

시냇물을 건너자

생활주제 운동경기

연 령 만 4세

활동목표 1. 다른 사람들 앞에서 말하는 태도를 기른다.
2. 비표준화된 측정도구를 사용하여 거리를 측정할 수 있다.

누리과정
- 의사소통〉 말하기〉 낱말과 문장으로 말하기
- 자연탐구〉 수학적 탐구하기〉 기초적인 측정하기

활동자료 동화 『시냇물을 건너자』, 동극용 머리띠, 스카프(파란색, 연두색)

활동방법
① 동화 『시냇물을 건너자』 듣기
② 동화 내용에 대해 이야기해 보기
- 동물들이 시냇물을 건너려면 무엇을 연습해야 한다고 했는가?(솔방울이 5개만큼 놓인 거리요.)

③ 동화 내용 회상하기
- 짧고 반복되는 대사는 말하거나 간단한 동작을 함께 한다.

④ 동극 할 무대 꾸미기
- 동극을 하기 위해서 무엇이 필요하니?
- 어느 곳을 무대로 정할까?
- 나무는 어디에다 꾸미면 좋을까? (쌓기놀이 블록 앞에다 세워요. 구석에 세워서 동물들이 지나갈 때 부딪히지 않도록 해요.)
- 시냇물은 어느 곳에 흐른다고 이야기 하면 좋을까? (수·조작놀이영역 옆에나가 시냇물을 흐르게 해요.)
- 동물들은 시냇물을 뛰어넘기 위해 솔방울 5개를 두었는데, 우리가 만든 시냇물은 솔방울 몇 개를 놓으면 뛰어 넘을 수 있을지 재어 볼까? (솔방울 5개를 놓으면 시냇물을 뛰어 넘을 수 있어요.)
- 솔방울이 어떻게 놓여 있니? 시냇물의 거리를 측정하기 위해서는 솔방울을 어떻게 놓아야 할까?

⑤ 배역 선정 및 소개하기

- 각 등장인물의 배역을 정한다.
- 동극하는 유아들은 자신이 맡은 배역을 소개한다.(저는 000을 맡은 ○○○입니다.)

⑥ 동극하기

- 동극할 유아는 무대에서 정해진 위치에 앉는다.
- 극의 시작을 알린다.
- 극의 해설을 통해 장면의 변화, 시간의 변화를 알리고 동극하는 유아의 대사와 동작을 격려한다.

⑦ 평가하기

- 동극의 재미있었던 점, 개선할 점에 대해 이야기 나눈다.

활동평가

유아의 학업 성과 측면

- 유아들은 동극을 위한 무대를 만들면서, 그리고 동극을 하면서 무대 소품 및 각 등장인물의 위치, 방향 등 공간과 거리 개념을 형성하고, 특히 동화의 주된 내용인 거리 측정 개념에 대해서 자연스럽게 학습하였다. 유아들은 무대를 구성하면서 시냇물의 거리를 좀 더 멀리 두자고 하면서 솔방울 5개를 연이어서 놓지 않고 드문드문하게 솔방울을 놓아 시냇물의 거리라고 이야기를 하였다.
- 유아들은 단순하고 규칙성 있게 반복되는 대사와 행동을 통해서 언어적, 행동적 패턴을 경험하기도 하였다.

교수-학습방법 측면

- '시냇물을 건너자'는 이야기의 내용 구성 자체가 공간, 측정과 관련된 수학개념이 포함된 것이다. 이처럼 수학적으로 의미 있는 내용을 동극이라는 활동방법을 통해 재미있게 학습하였다.
- 소집단으로 활동을 진행하였는데 한 집단의 경우 솔방울 5개를 놓을 때, 솔방울을 연속해서 놓지 않아 정확한 거리를 가늠하는 방법이 되지 못하였다. 교사가 정확한 거리를 재기 위해서는 솔방울을 이어서 놓아주어야 한다고 자연스럽게 해설내용에 포함시켜 언급해 주었다.

- 동화의 내용을 바탕으로 유아들이 뛴 거리를 솔방울로 재어 보는 확장활동으로 연결하여 유아들이 정확한 측정 방법을 익힐 수 있도록 도와주어야겠다.

관련활동 **바깥놀이: 뛴 거리를 솔방울로 재어 보아요**

바깥놀이 시, 유아들이 솔방울을 주어 멀리뛰기를 한 후, 솔방울을 놓아 뛴 거리를 측정해 본다.

(3) 수학과 미술의 통합

유아는 미술작품의 창의적이고 시각적인 표현을 통하여 추상적인 수학적 개념들을 보다 쉽게 이해할 수 있다. 또한 미술은 대칭, 패턴, 입체와 평면 도형, 공간에 대해 표현할 수 있는 기회를 제공한다. 예를 들면, 다양한 형태와 크기를 지닌 사물을 이용하여 평면과 입체 작품을 만들면서 수 감각, 공간과 도형, 측정, 규칙성 및 자료 정리 등의 수학교육이 효과적으로 이루어지도록 한다.

또한 유아는 자신의 생각과 느낌을 언어로 표현하는 데 아직 어려움이 있다. 하지만 미술활동에서 이루어지는 자신의 사고를 표상하는 수단인 그리기 등은 유아의 수학적 과정 중 하나인 표상하기로 유아가 어떻게 사고하고 이해하는지에 대한 중요한 정보를 제공한다. 미술과 수학의 통합 활동은 표면적으로는 미술활동을 하지만 그 내용면에서는 수학적 개념을 재미있게 학습할 수 있다. 영유아들은 자신이 좋아하는 미술활동을 하면서 자연스럽게 수학적 개념을 이해하고 확장해 나갈 수 있다. 따라서 수학과 미술의 통합은 표상하기와 연계하여 적용할 수 있다.

수학과 미술의 통합

무지개 물고기 패턴 만들기

생활주제 여름

연 령 만 4세

활동목표 1. 패턴을 이용하여 물고기 비늘무늬를 꾸며본다.
2. 반복되는 규칙을 이해하여 간단히 패턴을 만들어 본다.

누리과정 예술경험〉 예술적 표현하기〉 미술활동으로 표현하기
자연탐구〉 수학적 탐구하기〉 규칙성 이해하기

활동자료 물고기 그림의 OHP 필름, 유성매직, 색종이 조각, 풀

활동방법 ① 동화 '무지개 물고기' 회상하기
- 무지개 물고기의 비늘무늬가 어떠했는가?
- 비늘의 색은 어떠했는가?

② 어떤 패턴으로 물고기의 무늬를 어떤 패턴으로 꾸밀 것인지 이야기 나누기
- 좋아하는 색종이 2(3)조각을 골라보자.
- 선생님이 색종이를 차례로 놓아볼게.
- 다음에 어떤 색이 올까? 색종이를 차례로 놓아보자.

③ 어떤 규칙으로 패턴을 만들었는지 이야기해 보기
- 어떤 약속으로 색종이를 놓았는지 말해 보자.

④ 유아들이 차례로 만든 색깔 패턴대로 OHP 필름 위 물고기 비늘무늬 꾸며 보기
- 색종이와 같은 색깔의 매직펜을 골라보자.
- 네가 놓은 색깔 패턴으로 물고기의 비늘을 꾸며 보자.

⑤ 만든 물고기 패턴을 말해보고 서로의 패턴을 비교해 보기

활동평가 **유아의 학업 성과 측면**

- 유아들은 색종이로 패턴을 따라 놓아보고, 따라 놓아본 색종이를 보면서 패턴 따라 만들기를 자연스럽게 반복적으로 경험하였다. 이러한 과정을

통해 처음 패턴 따라하기를 어려워하는 유아도 반복적으로 실시함에 따라 좀 더 수월하게 패턴 만들기를 하였다.
- 또한 또래가 만드는 패턴을 보면서 자신이 만든 패턴과 어떻게 다른 지를 자연스럽게 비교하면서 패턴 만들기가 다양하게 이루어질 수 있음을 알았다.

교수-학습방법 측면
- 패턴 모방하기는 유아의 수학능력 수준에 따라 1:1 패턴, 2:1 패턴으로 진행하였다.
- 일부 유아들은 자신이 만든 패턴을 언어로 설명하기 어려워하는 경우도 있었다. 그러할 경우에는 패턴의 처음을 강하게 소리 내어 주거나 강약의 언어적 패턴을 만들어 말해 주었더니 재미있어 하며 따라하거나 스스로 패턴을 설명하였다.
- 매직펜으로 물고기 전체를 칠하기를 어려워하는 유아의 경우에는 동일한 색깔의 색종이를 붙여 패턴 만들기를 하였다.

(4) 수학과 음악의 통합

태어나서 듣게 되는 자장가, 동요를 통해서 영아들은 본질적으로 음악이 내포하고 있는 규칙적 관계, 1:1 대응 등의 수학적 요소를 탐색하게 된다. 어린 영아들이 흔들 그네를 타며 리듬에 맞추어 규칙적인 반응을 보이는 것도 그 증거라 할 수 있다.

규칙적인 박자, 리듬, 빠르기, 셈여림, 가락 등과 같은 음악적 요소들은 공간, 순서, 수 세기, 1:1 대응, 도형, 측정 등과 같은 수학적 특성이 포함되어 있다. 따라서 음악의 요소와 수학의 요소의 통합이 수월하다는 것이다. 그러나 무엇보다 수학과 음악활동의 통합이 유아에게 적합한 가장 큰 이유는 '즐거움'이다. 유아는 음악을 들으며 리듬에 맞춰 몸을 움직이며 표현하는 것을 즐기기 때문이다. 이러한 즐거움은 유아에게 수학적 지식뿐만 아니라 수학에 대한 친숙함, 자신감 등의 긍정적인 태도를 가지게 한다.

수학과 음악의 통합

바윗돌 깨트려

생활주제 여름

연 령 만 4세

활동목표
1. 반복되는 리듬 패턴을 인식하며 즐겁게 노래 부른다.
2. 물체의 크기와 길이를 비교해 보고 순서지어 본다.

누리과정
- 예술경험〉예술적 표현하기〉 음악으로 표현하기
- 자연탐구〉수학적 탐구하기〉기초적인 측정하기
- 자연탐구〉수학적 탐구하기〉 규칙성 이해하기

활동자료 자갈돌 · 돌멩이 · 모래가 담긴 그릇, 노랫말 자료, 피아노

활동방법

① 돌멩이, 자갈돌, 모래알을 보면서 이야기 나누기
- 앞에 있는 돌 들을 본 적이 있니?
- 어디에서 보았니?
- 돌들을 크기 순서대로 놓아보자.

②「바윗돌 깨트려」 노랫말과 음을 알아보고 노래를 부르기
- 어떤 노랫말이 있었니?
- 크기에 따라 돌의 이름이 다름. 바위 모양의 가장 큰 돌을 바윗돌이라고 하는데, 바윗돌을 깨트리면 어떤 돌이 된다고 했니?

③ 노랫말에 맞춰 물체의 줄어드는 규칙을 손유희로 표현해 보기
- 바윗돌을 손으로 표현 해 보자. 얼마만큼 크다고 생각했니?
- 이것을 깨트리면 크기가 어떻게 될까?
- 돌덩이를 깨트리면 크기가 어떻게 될까?

④ 노랫말을 바꿔서 불러 보기
- 노랫말에 나오는 돌들의 크기가 점점 작아짐. 우리도 여러 가지 물건을 모아서 노래를 만들어볼 수 있음
- '깨트려' 라는 노랫말 대신 어떤 노랫말을 넣으면 좋을까? (보다 작은/보다 큰, 보다 긴/짧은 등)

- 교실에 바윗돌 보다 작은/큰 물건이 무엇이 있을까? ㅇㅇ보다 작은 물건은 무엇이 있을까? (피자조각, 과일, 바둑알, 좁쌀)

활동평가

유아의 학업 성과 측면

- 유아들은 노래에서 반복되는 리듬을 인식하였고, 반복되는 리듬을 통해 노랫말을 수월하게 익혔다. 또한 노랫말에 맞춰 손유희를 함으로써 점차적인 크기의 변화와 순서를 인식하게 되었다.
- 노랫말 바꾸었던 확장활동에 대한 관심이 증가하여 자유선택활동 시 여러 영역의 물건을 모아 놓고 비교급을 포함한 노랫말을 만들어보고 다른 유아들과 함께 부르는 모습을 보였다.

교수 - 학습방법 측면

- 유아들이 일상생활에서 자연스럽게 경험하는 크기 비교 활동을 노래에 접목시켜 진행하여 유아들이 노래 변환 활동에 적극적으로 참여 하였다.
- 학기 초에는 두 가지 물체의 크기 비교 활동 했던 것에 확장하여 5가지 이하의 물체를 모아서 크기 비교를 시행하였다. 이러한 활동을 반복 실시함에 따라 2개 이상의 물체 비교에 대해서 혼란스러워 하던 유아들도 차츰 익숙해졌고, 자연스럽게 비교 어휘를 사용하며 물체의 크기를 비교하기도 하였다.
- 여러 가지 물건의 측정 가능한 속성을 비교할 때는 유아들과 함께 물체를 비교해 보고, 이를 나열해 보는 활동은 유아들의 수준은 물론 유아들에게 친숙한 속성인 크기, 길이, 무게, 들이 순에 따라 진행하는 기술이 필요하였다.

(5) 수학과 사회의 통합

수학과 사회의 통합 활동은 유아에게 지리, 역사, 경제 등에 대한 지식을 가르치기보다 논리·수학적 사고를 통해 사회현상이나 환경에 대한 기본 개념을 이해하도록 한다. 그러므로 실제 생활의 사회현상과 환경을 통해 수학적 지식과 기술을 학습하고, 실제 문제에 활용하며, 동시에 사회현상과 환경의 이해를 위해 수학적 사고와 탐구능력이 활용된다.

영유아교육기관에서 유아들이 참여하고 알고자 하는 사회현상을 이해하는 데 가장 빈번히 다루어지는 것은 조사활동이라 하겠다. 대표적으로 선호도를 조사하고 그것을 그래프로 만드는 활동을 들 수 있다.

수학과 사회의 통합

우리 반 친구들이 좋아하는 애완동물

생활주제 동물

연　　령 만 4세

활동목표
1. 좋아하는 동물을 말로 표현해 본다.
2. 자료를 모으고 수를 세어보며, 분류, 조직해 보는 경험을 갖는다.
3. 그래프를 보고 그 내용을 비교한다.

누리과정
- 사회관계〉 다른 사람과 더불어 생활하기〉 사회적 가치를 알고 지키기
- 자연탐구〉 수학적 탐구하기〉 기초적인 자료 수집과 결과 나타내기
- 자연탐구〉 수학적 탐구하기〉 수와 연산의 기초 개념 알아보기

활동자료 그래프 판, 여러 가지 종류의 동물 카드, 동물 이름을 쓸 수 있는 종이, 유아 사진

활동방법

① 집에서 기를 수 있는 애완동물에 대해 이야기 나누기

② 자신이 기르고 싶은 애완동물에 대하여 조사한 후 비교해 보기
- 토끼반 어린이들이 집에서 기르고 싶은 동물은 어떤 동물일까?

③ 유아들과 조사한 내용을 그래프로 만드는 방법에 대하여 이야기 나누기
- 지금까지 이야기 한 것을 한눈에 보기 좋게 나타내려면 어떻게 하면 좋을까?
- 너희들이 그림으로 그리고, 글자로 적을 수 있지만 너희들이 이야기 한 것을 한눈에 보기 좋게 나타내려면 그래프로 만들어 볼 수 있어. 그럼 지금까지 너희들이 이야기 한 것을 그래프로 만들어 볼까?

- 우리가 좋아하는 동물들을 어디에 붙이면 좋을까?
- 여기에 숫자들은 무엇을 뜻하는 것일까?
- 너희들이 사진을 준비했는데 이것은 어디서부터 붙여야 할까?
- 왜 그럴까?

④ 그래프에 자신의 사진을 붙여보기

⑤ 그래프를 보며 그 특성에 대하여 이야기 나누기

- 토끼반 어린이들이 가장 많이 기르고 싶은 애완동물은 무엇이니?
- 가장 적게 기르고 싶은 애완동물은?
- 어떻게 알 수 있었니?
- 6명의 어린이들이 기르고 싶은 동물은 어떤 동물이니?
- 소라게를 키우고 싶은 토끼반 어린이는 모두 몇 명이니?
- 고양이를 키우고 싶은 어린이들은 소라게를 키우고 싶은 어린이들보다 몇 명 더 많니?
- 고양이를 키우고 싶은 어린이들은 소라게를 키우고 싶은 어린이들보다 몇 명 더 적니?

⑥ 그래프의 장점에 대하여 이야기 나누기

우리가 알아본 것을 그래프로 만들어 보니, 어떤 점이 편리하니? (그래프로 보니까 친구들이 가장 많이 키우고 싶은 애완동물을 바로 알 수 있었어요. 나랑 같은 동물을 키우고 싶은 친구를 바로 알 수 있었어요.)

활동평가

유아의 학업 성과 측면

자신이 좋아하는 애완동물에 대한 관심뿐만 아니라 자신과 같은 동물을 좋아하는 유아의 수를 세어보고, 다른 동물을 좋아하는 유아의 수를 세어봄으로써 서로 비교해 보고, 많고 적음은 물론 얼마만큼 더 많고 적은 지도 이야기 하였다.

교수-학습방법 측면

- 유아들이 평소 가지는 질문과 관심을 그래프 활동을 통해 통계를 위한 경험으로 연결시킬 수 있었던 것 같다. 단순히 질문에 대답하는 것을 넘어서서 정보를 알아내는 과정을 거치고, 그 정보를 시각적으로 조직화하여

결과를 알아봄으로써 지속적으로 주제에 대해 관심을 가지게 된 것 같다.
- 앞으로도 자료를 조사하고 조직하며 결과를 나타내는 활동(그래프 등) 등을 통해 유아들이 조직된 자료를 보고, 읽고, 비교하는 경험을 통해 다양한 수학적 경험을 할 수 있도록 지도해야겠다.

3) 주제 중심 통합

주제 중심 통합접근법은 생활중심의 교육으로서 유아들의 일상생활 경험을 교육과정으로 이끌고 유아의 흥미와 수준에 맞는 주제를 통하여 여러 가지 교과의 내용을 통합하여 경험하도록 하는 것이다. 주제 중심 통합접근법은 특정한 주제를 중심으로 하여 여러 학문들을 묶는 통합방식이다. 탐색하고자 하는 주제를 선정하고 주제에 내포된 중요한 개념을 선정한 후 이 개념들을 탐색하기 위해서 여러 교과를 통합하여 활동을 구성하고 실행하게 된다. 주제 중심 통합에서 수학활동은 주제 탐색의 일환으로 실시된다. 주제중심 통합적 활동을 '가을' 주제로 예를 들어 살펴보면 다음과 같다.

(1) 생활주제 교육계획안(만 4세)

생활주제	가을	주제	풍성한 가을 나기	소주제	가을 열매와 과일
생활주제 선정의 의의	계절에 따라 변화하는 사람의 생활과 식물의 모습에 관심을 갖고 관찰할 수 있는 태도를 가지게 한다. 또한 유아들에게 이러한 변화를 이해하고 적응할 수 있는 능력을 길러주며, 자연의 아름다움을 느끼고 보호하며 자연을 사랑하는 태도를 가지도록 하는 데 의의를 둔다.				
생활주제 구성안	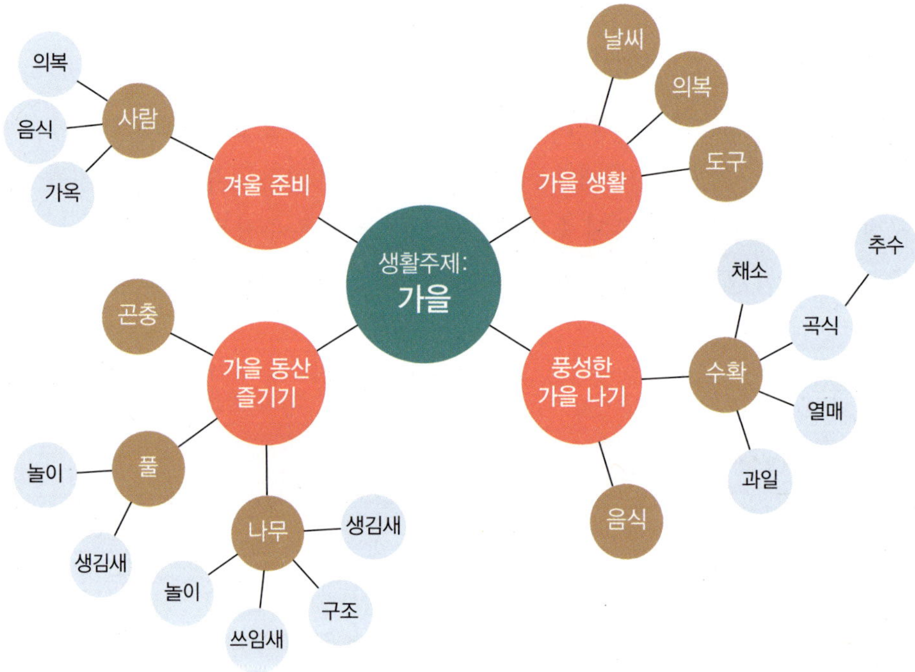				

(2) 수학교육 관련 하위내용별 활동망(만 4세)

생활주제	가을	기간	10월 3주~11월 2주
목표	• 계절 변화에 따른 자연의 변화에 관심을 갖고 관찰하며 감상한다. • 가을에 수확하는 곡식, 채소, 과일의 종류와 이름을 안다. • 가을에는 나무에 단풍이 들고 낙엽이 짐을 안다. • 가을의 변화를 다양한 방법으로 탐색하고 표현할 수 있다. • 겨울 준비를 위한 사람들의 생활을 알고 겨울 맞을 준비를 한다.		

가을

수 감각 기르기
- 수 · 조작놀이 : 채소 수확하기, 과일 따기
- 신체 : 참새 형제
- 게임 : 다람쥐에 알밤을, 밤송이 줍기
- 바깥놀이 활동 : 열매 줍기, 나뭇잎 보물찾기
- 주의집중 : 은행알 세기

자료 정리 및 결과 나타내기
- 과학 : 좋아하는 과일 그래프, 열매로 물들이기
- 이야기 나누기 : 사람들의 겨울 준비
- 동시 : 웬일일까?
- 게임 : 나뭇잎 분류하기

공간 및 도형에 대해 알아보기
- 쌓기놀이 : 가을동산 구성하기
- 수 · 조작놀이 : 가을풍경 퍼즐
- 조형 : 가을동산 꾸미기
- 바깥놀이 : 동산 돌아보기

규칙성 이해하기
- 수 · 조작놀이 : 가을 과일 패턴 만들기
- 조형 : 가을 과일 발 만들기, 나뭇잎 찍기
- 동시 : 바사삭바사삭
- 노래 : 도토리 마을
- 주의집중 : 나뭇잎 패턴

측정하기
- 수 · 조작놀이 : 단풍 크기 비교
- 과학 : 곡식 무게 측정하기, 과일 크기, 색깔, 모양을 관찰하고 비교하기
- 음율 : 열매 마라카스로 연주하기
- 신체 : 나무가 되어보자
- 요리 : 가을 열매 샐러드
- 이야기 나누기 : 여러 가지 가을 과일 (둘레, 무게 비교)

(3) 주간교육계획안(만 4세)

<table>
<tr><td colspan="2">생활주제</td><td>가을</td><td>주제</td><td>풍성한 가을 나기</td><td>시기</td><td>2009년 10월 4주</td></tr>
<tr><td colspan="2">목표</td><td colspan="5">• 가을에 수확하는 열매와 과일의 종류와 이름을 안다.
• 가을 열매와 과일을 다양한 방법으로 탐색하고 표현할 수 있다.
• 계절 변화에 따른 자연의 변화에 호기심을 갖고 관찰하며 감상한다.</td></tr>
<tr><td colspan="2">날짜(요일) / 활동</td><td>월(19)</td><td>화(20)</td><td>수(21)</td><td>목(22)</td><td>금(23)</td></tr>
<tr><td rowspan="7">실내자유선택활동</td><td>쌓기놀이 영역</td><td colspan="5">• 종이벽돌, 렉스 블록, 와플 블록, 나무 블록 등으로 가을 동산 구성하기
• 가을 농촌 풍경 구성하기 • 과수원 구성하기
• 역할놀이영역과 쌓기놀이영역을 서로 연계하여 놀이하기</td></tr>
<tr><td>역할놀이 영역</td><td colspan="5">• 가을 동산 놀이하기 (소풍가기, 밤 줍기, 도시락 먹기 등)
• 과일 가게 놀이하기(과일모형, 계산대, 돈, 장바구니 등) • 과수원 놀이하기</td></tr>
<tr><td>언어영역</td><td colspan="5">• 읽기 - '가을' 관련 도서 보기 • 쓰기 - '그림사전' 활동하기
• 말하기 - 배운 동시 '웬일일까' 읊기 • 듣기 - 동화 '색깔 찾기 놀이' 듣기</td></tr>
<tr><td>수·조작놀이 영역</td><td colspan="5">• 주사위 방향으로 자동차 움직이기 · 바퀴 수 알아보기 · 계절별 특징 분류하기
• 나뭇잎 패턴 만들기 • 단풍 크기 비교 • 모양 - 색 연결하기 • 교통기관 퍼즐
• 가을풍경 퍼즐</td></tr>
<tr><td>과학영역</td><td colspan="5">• 여러 가지 열매(은행, 호두, 땅콩, 도토리)의 겉과 속 관찰하기 • 곡식 관찰하기
• 약호박 관찰하기 • 가을 과일 둘레 재기 • 자석을 이용하여 철가루 모으기</td></tr>
<tr><td>조형영역</td><td colspan="5">• 주말 지낸 이야기 그림 그리기
• 가을 과일 발 만들기 ------〉 • 가을 동산 꾸미기 -------〉</td></tr>
<tr><td>음률영역</td><td colspan="5">• 배운 노래 부르며 곡식 마라카스로 연주하기 • 악기소리 탐색해 보기
(핸드벨, 봉고, 귀로 등)</td></tr>
<tr><td colspan="2">바깥놀이 활동</td><td colspan="5">• 동산 돌아보기/ 열매 줍기/ 열매 보물찾기/ 열매로 할 수 있는 놀이하기</td></tr>
<tr><td rowspan="3">대·소집단활동</td><td>이야기 나누기</td><td>이야기 나누기)
주말 지낸 이야기</td><td></td><td>이야기 나누기)
여러 가지 가을 과일</td><td></td><td>이야기 나누기)
열매로 물들이기</td></tr>
<tr><td>동시·동화 동극</td><td></td><td></td><td>동시 짓기)
웬일일까?</td><td></td><td></td></tr>
<tr><td>음악</td><td>노래)
도토리 마을</td><td>동극)
나는 누구일까?</td><td></td><td></td><td></td></tr>
</table>

대·소집단활동	신체		신체) 참새 형제			
	게임				게임) 다람쥐에 알밤을	
	요리					요리) 가을 열매 샐러드
	기타					도서대출
	평가 및 귀가지도	하루 지낸 기분 이야기하기	같이 놀이한 친구 회상해 보기	재미있었던 놀이 기억해 보기	하루 지낸 기분 이야기하기	빌린 책 가져가기 실내화 가지고 가기
간식		쌀로 만든 콘슈우, 우유	단호박찜, 우유		쌀로 만든 카스텔라, 우유	찐고구마, 우유
비교						

(4) 일일교육계획안

① 사전활동

✩ 산책하기 '가을 동산 산책'

유아들과 가을 동산을 산책하였다. 유아들과 길을 걸어가는 동안에 가을의 자연 변화 등을 관찰하고 탐색하며 감상도 하면서 즐겼다. 또한 나뭇잎의 변화, 가을 하늘, 가을 열매(도토리, 솔방울 등), 낙엽, 풀 등 자연환경에 대한 이야기를 나누거나 노래를 불렀다. 유아들은 즐겁게 뛰놀면서 자유롭게 자연을 관찰하고 떨어져 있는 자연물을 채집하기도 하였다.

✩ 이야기 나누기 '가을 동산'

유아들과 가을 동산을 산책하면서 느낀 점에 대해 이야기를 나누었다. 이야기를 나누는 과정에서 유아들이 자연환경이 어떻게 바뀌었는지, 왜 바뀌었는지 등에 대해 궁금해하였다. 자신이 느낀 점과 궁금해 하는 내용을 발표한 후 그림으로 그리거나 글씨로 표현하였다.

✡ 동시 '웬일일까'

가을이 되면서 변화하는 자연의 모습에 대해 궁금증을 가지게 되는 내용으로 구성된 동시 '웬일일까'를 읊어 보았다. 짧고 반복되는 동시 '웬일일까'를 읊어 보면서 언어적 규칙성을 경험하였다.

✡ 미술 '허수아비 만들기'

다양한 재료(천, 단추 등 꾸미기 재료)를 활용하여 허수아비 만들기를 하였다. 허수아비를 구성하는 과정에서 다양한 재료들을 서로 비교하고, 여러 가지 모양의 재료를 이용하여 허수아비를 구성하였다. 이 과정에서 유아들은 자연스럽게 모양, 크기 등에 대한 어휘를 사용하였다. 또한 허수아비 옷 천에 다양한 모양과 크기의 재료로 구성해 봄으로써 공간 감각을 형성할 수 있었다.

② 본 활동

일일교육계획안					
학급명	토끼반	유아 연령	만 4세	일시	2014년 10월 21일 (수)
생활 주제	가을	주제	풍성한 가을 나기	소주제	가을 열매와 과일
목표	• 계절의 변화에 따른 자연의 변화에 호기심을 갖고 관찰하며 탐구하는 태도를 가진다. • 가을에 수확하는 열매와 과일의 이름을 알고, 다양한 방법으로 탐색한다.				
일 일 시간표	09:30 - 09:40 등원 및 인사 나누기 09:40 - 10:00 이야기 나누기 - 가을열매와 과일 10:00 - 10:20 간식 10:20 - 11:20 실내 자유선택활동 11:20 - 11:30 정리정돈 및 화장실 다녀오기 11:30 - 12:00 산책 및 바깥놀이 활동 12:10 - 13:20 점심 13:20 - 13:50 동시 짓기 - 웬일일까? 13:50 - 14:10 평가 및 귀가지도 14:10 - 14:20 화장실 다녀오기 및 낮잠 준비 14:20 - 16:00 낮잠 및 휴식 16:00 - 16:20 오후 간식 16:20 - 17:00 실내자유선택활동 17:00 - 18:00 유희실 놀이				
시간/활동명	활동목표	활동내용		자료 및 유의점	평가
9:30 - 9:40 등원 및 인사 나누기	• 인사 예절을 익힌다.	• 바르게 인사하기 • 옷을 옷걸이에 잘 걸어두기 • 출석 표시하기 • 조용한 놀이하기		출석판	
9:40 - 10:00 이야기 나누기	• 나무 열매를 수확하기까지의 과정에 관심을 갖는다. • 하루의 일과를 알고 기대하는 마음을 갖는다.	**〈가을 과일이 익어가요〉** • 주의집중: 바뀐 점 찾아보기 • 인사하기 • 가을에 수확하는 과일에 대해 알아보기 - (가을 과일을 소개하며) 무엇일까? • 가을 과일 나무에 대해 이야기 나누기 - 어떻게 과일나무에서 과일이 열릴까? • 과일 나무의 소중함에 대해 이야기 나누기 • 하루일과 소개하기		가을 과일 사진 및 영상자료 일과 계획표	

10:00-10:20 간식	• 바른 태도로 간식을 먹는다.	• 간식차 앞에 줄을 서서 컵과 접시, 포크 가져가기 • 바른 자세로 앉아서 바르게 음식 먹기 • 다 먹은 유아는 스스로 정리하기 • 물양치 하기		
10:20-11:20 실내 자유선택활동	• 여러 가지 블록으로 다양한 구성물을 만든다. • 극놀이를 통해 다른 사람의 역할을 이해하고 사고파는 경험을 한다. • 퍼즐의 방법을 알고, 만족감을 경험한다. • 수학적 탐구심을 기른다. • 가을 열매를 관찰하며 특징에 관심을 가진다. • 임의 측정 단위를 사용해서 길이, 둘레 등의 측정 경험을 한다. • 자석의 성질을 안다. • 글자의 형태에 관심을 가진다. • 다양한 재료를 활용하여 패턴을 만든 후 꾸며본다. • 곡식의 종류에 따라 다르게 나는 소리를 비교한다.	**[쌓기놀이영역]** • 가을 동산 구성하기 • 가을 농촌 풍경 구성하기 **[역할놀이영역]** • 가을 동산 놀이하기(소풍가기, 밤 줍기, 도시락 먹기 등) • 과일 가게 놀이하기 **[수·조작놀이영역]** 교통기관 및 가을과 관련한 퍼즐 • 9-12조각의 퍼즐 맞추기 판 게임 • 주사위에 표시된 방향으로 자동차 움직이기 • 교통기간의 바퀴 수를 세어 숫자 붙이기 • 계절별 특징 분류하기(옷, 나무의 변화 등) • 모양-색 연결하기 **[과학영역]** 곡식 관찰하기 • 쌀, 팥, 콩 등의 곡식을 현미경을 이용하여 관찰하기 호박 관찰하기 • 다양한 호박의 종류 관찰하기 가을과일 둘레재기 • 비표준화 된 측정단위로 가을의 과일 둘레 재기 자석을 이용하여 철가루 모으기 • 철가루와 모래가 담겨진 통 위에 자석을 얹어 철가루 모아 보기 **[언어영역]** 교통기관 및 가을 관련 책 읽기 • 교통기관 및 가을과 관련된 책을 교사와 함께 읽거나 스스로 읽기	과일모형, 계산대, 돈, 장바구니 곡식, 현미경, 호박,배, 사과, 감, 모과, 실, 자석	

10:20 - 11:20 실내 자유선택활동		그림사전 만들기 • 그림카드에 있는 단어를 써 보기 **[조형영역]** 가을 과일 발 만들기 • 과일 모양으로 다양한 패턴을 만든 후 패턴에 따라 발 만들기 **[음률영역]** • 배운 노래 부르며 곡식 마라카스로 연주하기	그림사전, 낱말카드 과일모양, 실, 바늘, 빨대 곡식 마라카스	
11:20 - 11:30 정리정돈 및 화장실 다녀오기	• 정리정돈하는 습관을 기른다.	• 신호악기 이용하여 정리시간 알리기 • 자기가 놀이한 것부터 정리하고 친구의 놀잇감 정리 도와주기	신호 악기	
11:30~12:00 산책 및 바깥놀이 활동	• 안전하게 놀이한다. • 가을의 변화를 관찰한다.	〈산책 및 바깥놀이〉 • 겉옷 입고 실내화 정리 후 바깥 신을 들고 개인장 앞에 줄서기 • 놀이터 주변을 산책하며 가을 풍경과 나무의 변화 관찰하기	*신호악기, 응급처치가방	
12:00~12:10 화장실 다녀오기	• 몸을 깨끗이 하는 습관을 기른다.	• 화장실에 가서 손을 씻기 • 점심 먹을 준비하기		
12:10~13:20 점심	• 음식물의 필요성을 알고 골고루 먹는다.	• 식사 전 손을 깨끗하게 씻기 • 먼저 앉은 유아부터 점심 먹기 • 밥과 반찬 골고루 먹기 • 바르게 앉아서 식사하기 • 다 먹은 후 정리하기 • 잔반은 잔반통에 정리하기 • 식사 후 물 양치하고 소화가 되도록 조용한 놀이를 하기	*급식차, 행주	
13:20 - 13:50 동시	• 동시의 반복되는 음률을 통해 언어적 규칙성을 경험한다. • 동시의 내용을 기준에 따라 분류하고 설명해 본다.	〈동시〉 • 주의집중: '웬일일까' 동시 읊어보기 • 동시 관련 이야기 나누기 - 우리가 가을동산을 돌아보며 궁금해진 내용을 모아 보았어. - 우리들이 어떤 내용을 궁금해 했을까? - 왜 그런 내용을 궁금해 했을까? - 어떻게 대답할 수 있을까? - 어떻게 분류해 볼 수 있을까?		

13:20 - 13:50 동시		• 동시 완성하여 읊어 보며 감상하기 - 너희들이 궁금한 내용을 어떻게 할 수 있을까? (동시로 지어볼 수 있음을 안내) - 모은 생각들을 동시로 완성하여 함께 읊어보기 - '웬일일까' 부분은 유아들이, 그 외의 부분은 교사가 읊어보기 - 유아들과 교사가 낭송했던 부분을 바꾸어서 읊어보기 - 처음부터 끝까지 읊어보기 - 유아가 나와서 읊어보기	유아들이 만든 질문이 그려진 허수아비, 카세트, 음악: 사계 중 '가을', 동시 분류 바구니	
13:50 - 14:10 평가 및 귀가지도	• 하루의 일을 회상해 보고 이야기를 해본다.	• 하루 지낸 일 평가하기 - 재미있었던 일 기억하기 • 노래로 인사하고 집에 가기 - 출석표시 떼기 / 손소독 하기 - 겉옷 챙겨가기 / 실내화를 장에 가지런히 놓기 - 부모님에게 유아 인계하기		
14:10 - 14:20 화장실 다녀오기 및 낮잠 준비	• 몸을 깨끗이 하는 습관을 기른다.	• 세수 후 로션을 바르기 • 옷 갈아입기		
14:20 - 16:00 낮잠과 휴식	• 적절히 휴식한다.	• 개인 매트에 누워 조용한 음악을 들으며 휴식하기	개인 매트, 침구	
16:00 - 16:20 오후 간식	• 바른 태도로 간식을 먹는다.	• 바른 자세로 앉아서 바르게 음식 먹기 • 다 먹은 유아는 스스로 정리하기		
16:20 - 17:00 실내자유선택활동		• 오전에 했던 자유선택활동과 연계하여 활동하기		
17:00 - 18:00 유희실 놀이	• 대근육활동 기구를 이용하여 놀이한다.	• 유희실에서 놀이하기 • 놀이기구를 이용하여 놀이하기 • 친구들과 놀이하기		
18:00 - 귀가		• 학부모님이 오시는 대로 귀가하기		
총평				

수업활동계획안 작성해 보기

2세 활동계획안

※ 활동명, 활동목표, 활동자료, 활동방법(교사-유아 상호작용 등)을 자세히 기록하시오.

활동명	노란 떡을 먹을까, 분홍 떡을 먹을까
활동목표 및 교육과정 요소	사물의 특성에 따라 같은 것끼리 분류해 본다. 자연탐구 〉 수학적 탐구하기 〉 구분하기 〉 주변 사물을 같고 다름을 구분한다. 집게를 사용하여 사물을 옮겨 담아본다. 신체운동 〉 신체조절과 기분운동하기 〉 소근육 조절하기 〉 눈과 손을 협응하여 소근육을 조절해본다.
활동자료	색깔 고무찰흙(노란색, 분홍색), 집게, 떡을 담을 통 교구제작방법 : 〈재료〉 페트병 2개, 종이 테이프(혹은 투명테이프), 토끼 그림 ① 투명한 패트명(2L) 윗부분을 칼로 잘라내어 통 두 개를 만든다. 페트병의 입구 부분은 날카로울 수 있으므로 종이테이프나 투명테이프로 마감하도록 한다. ② 두 마리의 토끼가 각각 노란 떡과 분홍 떡을 안고 있는 그림을 그리고 코팅하여 페트병에 부착한다. 
활동방법	1. 그릇에 노란 떡과 분홍 떡을 섞어서 담아놓고 영아가 관심을 보이면 어떤 색의 떡이 있는지 함께 이야기 해 본다. 2. 색, 방법 구분 없이 자유롭게 토끼에게 떡을 나누어 준다. 3. 토끼가 들고 있는 떡의 색에 맞게 집게로 떡을 집어 넣어준다.
참고사항	1. 활동 진행 중에 영아가 집게를 스스로 사용해 보고 조작해 봄으로써 조절감과 성취감을 느낄 수 있도록 격려해 주도록 한다. 2. 집게는 영아가 사용하기 용이하도록 탄성이 부드러운 것을 제공하도록 한다. 3. 색깔별로 떡을 분류하는 것이 활동목표이기는 하나, 영아에 따라 분류하지 않고 넣을 경우 '아, OO는 토끼한테 노란색 떡, 분홍색 떡 다 주고 싶었구나.' 등의 언어적 반영을 통해 영아의 의도를 긍정적으로 해석해 주도록 한다.

출처 : 보건복지부(2013b). 어린이집 표준보육과정에 기초한 영아보육프로그램 2세①. p.342-343.

활동명	노란 떡을 먹을까, 분홍 떡을 먹을까
활동목표 및 교육과정 요소	사물의 특성에 따라 같은 것끼리 분류해 본다. 자연탐구 〉 수학적 탐구하기 〉 구분하기 〉 주변 사물을 같고 다름을 구분한다. 집게를 사용하여 사물을 옮겨 담아본다. 신체운동 〉 신체조절과 기분운동하기 〉 소근육 조절하기 〉 눈과 손을 협응하여 소근육을 조절해 본다.
활동자료	색깔 고무찰흙(노란색, 분홍색), 집게, 떡을 담을 통 교구제작방법 : 〈재료〉 페트병 2개, 종이 테이프(혹은 투명테이프), 토끼 그림 ① 투명한 패트명(2L) 윗부분을 칼로 잘라내어 통 두 개를 만든다. 페트병의 입구 부분은 날카로울 수 있으므로 종이테이프나 투명테이프로 마감하도록 한다. ② 두 마리의 토끼가 각각 노란 떡과 분홍 떡을 안고 있는 그림을 그리고 코팅하여 페트병에 부착한다. 
활동방법	1. 그릇에 노란 떡과 분홍 떡을 섞어서 담아놓고 영아가 관심을 보이면 어떤 색의 떡이 있는지 함께 이야기 해 본다. -그릇에 맛있는 떡이 들어 있네. -노란색 떡도 있고 분홍색 떡도 있구나. 2. 색, 방법 구분 없이 자유롭게 토끼에게 떡을 나누어 준다. -토끼가 배가 고픈가봐. 토끼에게 떡을 줄까? -냠냠~ 아이 맛있다. 토끼가 떡을 아주 잘 먹네. 3. 토끼가 들고 있는 떡의 색에 맞게 집게로 떡을 집어 넣어준다. -어? 그런데 토끼가 서로 다른 색 떡을 들고 있네. -이 토끼는 노란 떡을 들고 있네. -노란색 떡을 줘 볼까? 이번엔 집게로 한번 집어서 줘보자. -이 토끼는 어떤 색 떡을 넣어주면 좋을까? -OO가 집게로 떡을 잘 집는구나. -OO가 떡을 많이 먹여줘서 토끼들이 배가 부르겠구나.
참고사항	1. 활동 진행 중에 영아가 집게를 스스로 사용해보고 조작해 봄으로써 조절감과 성취감을 느낄 수 있도록 격려해 주도록 한다. 2. 집게는 영아가 사용하기 용이하도록 탄성이 부드러운 것을 제공하도록 한다. 3. 색깔별로 떡을 분류하는 것이 활동목표이기는 하나, 영아에 따라 분류하지 않고 넣을 경우 '아, OO는 토끼한테 노란색 떡, 분홍색 떡 다 주고 싶었구나.' 등의 언어적 반영을 통해 영아의 의도를 긍정적으로 해석해 주도록 한다.

4세 활동계획안

※ 활동명, 활동목표, 활동자료, 활동방법(교사 - 유아 상호작용 등)을 자세히 기록하시오.

활동명	자동차 경주장 꾸미기
활동목표 및 교육과정 요소	다양한 블록을 사용하여 자동차 경주장을 구성한다. 자연탐구 〉 수학적 탐구하기 〉 공간과 도형의 기초 개념 알아보기 친구와 협력하여 자동차 경주장을 구성한다. 사회관계 〉 다른 사람과 더불어 생활하기 〉 친구와 사이좋게 지내기
활동자료	자동차 경주장 사진, 자동차 경주 동영상 자료, 여러 종류의 블록, 미니 경주용차, 사람인형  자동차 경주장 사진
활동방법	1. 자동차 경주장 사진이나 자동차 경주 동영상자료를 보며 이야기 나눈다. 2. 만들고 싶은 자동차 경주장을 큰 종이에 그려보도록 한다.

<table>
<tr><td>활동방법</td><td>3. 여러 가지 블록과 소품으로 자동차 경주장을 구성해 본다.

자동차 경주장 만들기
① 자동차 경주장 크기와 모양 정하기
② U자 블록과 Y자 블록, 반원 블록 등을 활용하여 원하는 모양 구성하기
③ 자동차 출발선과 도착선 표시하기
④ 다양한 소품으로 경주장 꾸미기
⑤ 관람객 인형 구성하기(도화지에 그린 관람객을 오려 나무 블록에 붙이기)
⑥ 미니 경주용차로 자동차

4. 구성한 자동차 경주장을 함께 감상해 보고 놀이를 회상해 본다.</td></tr>
<tr><td>활동의
유의점</td><td>1. 다양한 블록과 소품을 안전하게 사용하도록 지도한다.
2. 구성된 자동차 경주 장을 매일 사진을 찍어 유아들과 함께 회상해보고 쌓기놀이영역에 게시하여 준다.
3. 소집단형태로 활동을 운영하여 유아가 상상하는 다양한 형태를 존중하며 자유롭게 구성해 볼 수 있도록 한다.</td></tr>
<tr><td>활동평가</td><td>1. 재료를 적절히 활용하면서 창의적으로 구성하는지 평가 한다.
2. 친구들과 협력하면서 놀이에 참여 하는지 평가 한다.</td></tr>
<tr><td>확장활동</td><td>1. 다양한 소형자동차의 바퀴에 물감 묻혀 굴리기로 무늬 만들기 미술활동을 한다.
2. 내가 타고 싶은 경주용차를 생각하여 상상화 그리기를 한다.</td></tr>
</table>

출처 : 교육과학기술부(2013b). 4세 누리과정 교사용 지도서 제7권 교통기관. pp. 166-168.

<table>
<tr><td>활동명</td><td>자동차 경주장 꾸미기</td></tr>
<tr><td>활동목표 및
교육과정 요소</td><td>다양한 블록을 사용하여 자동차 경주장을 구성한다.
자연탐구 〉 수학적 탐구하기 〉 공간과 도형의 기초 개념 알아보기
친구와 협력하여 자동차 경주장을 구성한다.
사회관계 〉 다른 사람과 더불어 생활하기 〉 친구와 사이좋게 지내기</td></tr>
<tr><td>활동자료</td><td>자동차 경주장 사진, 자동차 경주 동영상 자료, 여러 종류의 블록, 미니 경주용차, 사람인형

자동차 경주장 사진</td></tr>
<tr><td>활동방법</td><td>1. 자동차 경주장 사진이나 자동차 경주 동영상자료를 보며 이야기 나눈다.
-자동차 경주장에는 어떤 것들이 있니?
- 자동차 경주장은 어떤 모양이니?

2. 만들고 싶은 자동차 경주장을 큰 종이에 그려보도록 한다.
- 자동차 경주장을 어떻게 만들고 싶니?
- 어떤 모양으로 만들고 싶니?
- 어떤 방법으로 만들면 좋을까?
- 만들고 싶은 모양을 도화지에 그려보자.

3. 여러 가지 블록과 소품으로 자동차 경주장을 구성해 본다.
- 어떤 모양의 경주장을 만들어 볼까?
- 무엇이 필요할까?
- 자동차가 달리는 길은 어떻게 만들까?
- 사람들이 구경하는 곳은 어떻게 만들까?

자동차 경주장 만들기
① 자동차 경주장 크기와 모양 정하기
② U자 블록과 Y자 블록, 반원 블록 등을 활용하여 원하는 모양 구성하기
③ 자동차 출발선과 도착선 표시하기
④ 다양한 소품으로 경주장 꾸미기
⑤ 관람객 인형 구성하기(도화지에 그린 관람객을 오려 나무 블록에 붙이기)
⑥ 미니 경주용차로 자동차</td></tr>
</table>

활동방법	4. 구성한 자동차 경주장을 함께 감상해 보고 놀이를 회상해 본다. - 블록으로 자동차 경주장을 만들어 본 느낌이 어떠니? - 어떤 부분이 멋있게 느껴지니? - 자동차 경주장을 만들면서 재미있었던 점은 무엇이니? - 자동차 경주장을 만들면서 어려웠던 점은 무엇이니? - 자동차 경주장에서 직접 자동차 경주를 해볼 수 있다면 어떨까? - 자동차를 타고 빠르게 경기장을 도는 모습을 몸으로 표현해볼까? - 다른 모양의 자동차 경주장을 만든다면 어떤 경주장을 만들고 싶니?
활동의 유의점	1. 다양한 블록과 소품을 안전하게 사용하도록 지도한다. 2. 구성된 자동차 경주 장을 매일 사진을 찍어 유아들과 함께 회상해보고 쌓기놀이영역에 게시하여 준다. 3. 소집단형태로 활동을 운영하여 유아가 상상하는 다양한 형태를 존중하며 자유롭게 구성해 볼 수 있도록 한다.
활동평가	1. 재료를 적절히 활용하면서 창의적으로 구성하는지 평가 한다. 2. 친구들과 협력하면서 놀이에 참여 하는지 평가 한다.
확장활동	1. 다양한 소형자동차의 바퀴에 물감 묻혀 굴리기로 무늬 만들기 미술활동을 한다. 2. 내가 타고 싶은 경주용차를 생각하여 상상화 그리기를 한다.

5 아동수학교육을 위한 환경구성

영유아교육기관에서 수학교육이 효과적으로 이루어지기 위해서는 영유아가 자발적으로 수학활동에 참여하여 탐구할 수 있는 잘 계획된 물리적 환경을 구성하는 것이 중요하다. 잘 구성된 수학영역은 영유아들의 수학적 호기심을 자극하고 다양한 문제를 해결할 수 있도록 도와준다. 영유아들은 자신의 경험을 통해 수학적 지식을 스스로 구성해 가므로 영유아의 발달에 적합하고 교육적인 활동 자료를 제공하는 것이 중요하다.

본 장에서는 수학영역 구성과 수학활동 자료에 대해 제시하였다.

1 수학영역

교실 내 수학영역은 영유아가 수학을 학습하는 데 중요한 역할을 한다. 따라서 영유아들이 흥미롭게 활동할 수 있고 스스로 탐구할 수 있는 환경을 구성해 주는 것이 중요하다. 영유아가 자신의 흥미와 능력에 따라 적절한 활동을 선택할 수 있도록 수준별 활동으로 다양하게 구성하고, 생활주제에 따라 수시로 재구성하여 교체해야 한다. 또한, 다양한 수학적 개념을 골고루 경험할 수 있도록 수학활동을 균형 있게 제공하고, 실제 조작이 가능한 실물이나 구체물을 자료로 제공한다. 영유아가 활동이나 자료를 스스로 선택하고 정리하는 것이 가능하도록 체계적인 자료의 배치도 필요하다. 영역의 벽면을 이용하여 수학 관련 그림이나 사진, 영유아의 작품 등을 게시할 수도 있다.

1) 영아를 위한 수학영역

영아는 일상생활에서 자발적인 탐색을 통해 수학을 학습한다. 따라서 영아반은 수학영역이라기 보다는 주로 탐색영역으로 구성된다.

영아를 위한 감각·탐색영역은 흥미롭고 안전한 영역으로 구성되어야 한다. 이 영역에서 영아들은 오감을 사용하여 탐색하며 호기심을 충족시켜 나가고, 손으로 놀잇감을 조작하고 놀이하면서 눈과 손의 협응력을 발달해 나가기 때문이다. 감각·탐색영역은 조용한 영역이므로 언어영역과 인접하여 배치한다. 그리고 감각·탐색영역에 제시되는 놀잇감은 영아가 삼킬 수 없는 크기이어야 한다. 영아는 놀잇감을 입으로 물거나 빨 수 있음을 감안하여 인체에 유해성분이 없어야 하며, 자주 물로 씻고 소독할 수 있는 재질이고 던져도 쉽게 부서지지 않도록 안전에 주의해야 한다. 교구장에 칸이 여러 개인 것을 구비하여 영아들이 정리하는 데 도움을 줄 수 있다.

만 1세 영아는 감각·탐색 놀잇감을 통해 오감을 활용해 자유롭게 탐색하며 즐거움과 성취감을 느끼게 된다. 만 2세 영아의 감각·탐색영역은 영아의 감각과 소근육 발달을 위해 자유롭게 탐색 및 조작할 수 있는 놀잇감이 제공되어져야 한다. 같은 종류의 놀잇감을 여러 개 제공한다.

표 5-1 영아를 위한 수·조작 활동 자료

연령	자료
만 0~1세	• 모빌, 딸랑이, 손에 쥘 수 있는 놀잇감, 오뚝이, 까꿍 인형 • 건드리면 다양한 소리가 나는 놀잇감, 상자 블록, 누르면 작동하는 놀잇감 • 다양한 질감의 인형, 여러 가지 재질과 크기의 공 • 모양 블록, 모양 끼우기 통, 고무나 플라스틱 재질의 고리 끼우기 등
만 2세	• 여러 가지 조작 놀잇감(소형 블록, 구슬 꿰기 놀잇감, 레고 등) • 다양한 영아용 퍼즐, 꿰기, 끼우기, 넣고 빼기 등을 할 수 있는 놀잇감

출처: 보건복지부·육아정책연구소(2013). 제3차 어린이집 표준보육과정 0~2세 교사용 지침서. 서울: 한국시각장애인연합회.

0세반 감각·탐색영역

1세반 감각·탐색영역

2세반 감각·탐색영역

2) 유아를 위한 수학영역

유아를 위한 수·조작영역은 자료를 통한 상호작용이 일어나는 영역이므로 유아의 발달 수준이나 흥미에 맞는 자료를 제공하는 것이 좋다. 유아의 수·조작 활동 자료로는 일대일 대응, 분류, 비교, 서열 등의 수 관련 활동이나 퍼즐, 간단한 게임 등의 소근육 조작 활동으로 구성되며, 같은 연령이라 하더라도 유아의 개인차를 고려하여 다양한 수준의 놀잇감을 제공하도록 한다. 예를 들어, 구슬 꿰기를 할 때 큰 구슬과 작

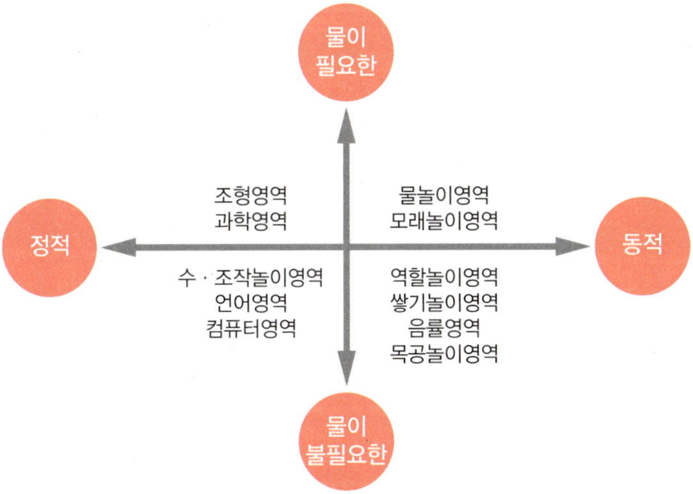

Frost 흥미영역 구성의 원리

은 구슬을 함께 내주거나, 4~5조각의 퍼즐과 15조각 이상의 퍼즐을 함께 제공하여 유아들의 발달 수준에 맞추어 활동할 수 있도록 한다. 그리고 교사가 제공한 자료 중 유아들이 흥미를 보이지 않거나 사용하지 않는다면 문제점을 파악하여 즉시 자료를 수정·보완하거나 교체하도록 한다.

수·조작 영역은 직접 조작하는 경험을 촉진하는 영역이므로 유아가 집중할 수 있도록 밝고 조용한 위치에 조용한 영역인 언어 영역, 과학 영역 등과 인접하여 배치하는 것이 바람직하다.

교사는 유아들이 편안한 자세로 게임이나 교구를 가지고 놀이할 수 있도록 바닥에 카펫을 깔거나 책상과 의자를 마련해 둔다. 한 쪽이 막힌 것, 양 쪽이 모두 뚫린 것 등 다양한 형태의 교구장을 사용하여 유아들이 교구를 자유롭게 이용할 수 있도록 배려한다.

그리고 유아가 활동한 작업결과나 수 개념 발달을 도와줄 수 있는 도표, 사진, 그림 등을 전시할 수 있는 교구장 위 공간이나 벽면 등도 제공하는 것이 바람직하다.

표 5-2 유아를 위한 수·조작 활동 자료

구분	연령	자료
수	만 3세	1~10까지 셀 수 있는 구체물(예: 밤, 호두_ 직경 3.5㎝ 이상), 크기를 비교할 수 있는 놀잇감, 각종 수 세기판, 주사위, 윷, 큰 글자의 시계, 달력, 분류 자료, 그림 자료, 사진 자료, 전화기, 짧은 이야기와 노래 테이프 등
	만 4세	색깔이나 형태, 크기가 다른 끼우기 블록, 수 막대
	만 5세	그룹 게임이나 일대일 게임, 그룹 게임 등이 이루어질 수 있도록 다양한 게임판
조작	만 3세	5~10조각의 퍼즐류, 일상생활 훈련 자료, 작은 구슬을 숟가락으로 옮기기
	만 4세	계절과 활동 주제를 반영한 10-25 조각 퍼즐, 작은 블록류, 끈, 구슬 끼우기, 지퍼 올리기와 단추 끼우기
	만 5세	15~30조각 정도의 퍼즐 맞추기, 바느질하기, 실뜨기, 직조 짜기

참고: 보건복지부·교육과학기술부(2013). 3-5세 연령별 누리과정 교사용 지침서. 서울: 한국시각장애인연합회.

유아반 수·조작놀이영역 1

유아반 수·조작놀이영역 2

3) 교사의 역할

21세기 수학교육의 필요성이 증대됨에 따라 영유아기부터 수학적 소양을 갖춘 인재들을 양성하기 위한 교사의 역할은 더욱 중요해지고 있다. 질 높은 영유아 수학교육을 위해서는 영유아의 자발적 놀이와 탐색에 의한 것뿐만 아니라 교사에 의해 연계되고 안내되는 의도적 수학교육이 필요함이 강조되고 있다(Epstein, 2007; NRC, 2009). 실제 교사개입에 의한 놀이중심의 수학교육이 유아의 학습 준비도를 향상시켰으며(이경민, 2002), 놀이 활동 시 교사는 풍부한 놀이 환경의 제공뿐만 아니라 적절한 개입이 필요함을 제안하였다(박화윤, 천은영, 이수정 2005).

질 높은 영유아 수학교육을 위한 교사의 역할은 매우 다양할 수 있으나 계획자, 안내 및 전달자, 촉진자, 관찰 및 평가자, 환경제공자로 나누어 제시하면 다음과 같다(김숙령, 2000; 한유미, 2014; NAEYC & NCTM, 2002).

첫째, 계획자로서 교사는 영유아 개개인의 발달 수준과 경험을 토대로 수학적 개념이 강조된 수학교육내용을 계획해야 한다. 이때 일상생활과 놀이, 통합적 접근방법 등의 교수방법을 사용하여 영유아들이 수학적 지식을 구성하고 확장해나갈 수 있도록 수학활동을 계획해야 한다. 또한 선행학습이 아닌 영유아의 흥미와 호기심을 기초로 수학활동을 계획하여 영유아의 참여를 높일 수 있도록 해야 한다.

둘째, 안내 및 전달자로서 교사는 영유아와의 적극적인 언어적 상호작용을 통해 수학활동이 잘 이루어지도록 해야 한다. 수의 명칭과 같이 수학적 지식이나 사실을 언어를 통해 알려주거나 영유아에게 적절한 시기에 질문을 함으로써 영유아들이 수학 개념을 인식하고 수학적 용어를 사용하도록 한다. 또한 영유아가 활동을 멈추려고 하면 교사가 질문을 통해 조금 더 복잡한 수준에서 탐색하도록 격려할 수도 있지만 교사의 질문이 영유아에게 지시적이거나 부담되지 않도록 유의해야 한다. 교사는 질문을 할 때 영유아에게 해답을 제시하는 것이 아닌 영유아가 충분히 생각하여 자신의 의사를 발표하거나 의문 나는 점을 물을 수 있는 기회를 제공해야 한다.

셋째, 촉진자로서 교사는 영유아가 지닌 수학적 능력과 잠재성을 최대한 발현시킬 수 있도록 개발해주어야 한다. 교사도 자연스럽게 영유아들의 놀이에 참여하거나 시범을 보이면서 활동을 제안하며, 적절한 스캐폴딩을 통해 영유아의 개인차에 입각하여 수학활동을 제공해야 한다. 이 과정에서 영유아의 수학활동은 더욱 풍부해지고 확장될 수 있게 된다.

넷째, 관찰 및 평가자로서 교사는 영유아들의 수학놀이나 활동을 주의 깊게 관찰함으로써 영유아의 수학능력이나 관심, 성향을 파악하게 된다. 이를 통해 다음 활동을 계획, 실행하는 데 활용하게 되며 부모에게 영유아에 대한 정보를 제공할 수 있을 뿐만 아니라 자신의 수학교육 활동을 분석해 봄으로써 더 나은 수학교육을 위해 노력할 수 있다.

다섯째, 환경제공자로서의 교사는 영유아들의 흥미와 발달에 적합한 수학교육 환경과 자료, 분위기를 제공하는 것이다. 수학교육을 위한 다양한 교구나 책, 포스터와 같은 자료를 제공하고, 또래간의 상호작용을 지지하며, 교사와 영유아 간에 정서적으로 지지하고 격려하여 편안하고 자유롭게 수학활동에 참여할 수 있도록 해야 한다.

2 수학활동 자료

영유아를 위한 수학활동 자료는 영유아가 스스로 수학을 학습하도록 하도록 도움을 준다. 수학활동의 종류에 따라 실물자료, 모형, 자연물, 상업화된 자료, 교사가 제작한 자료 등을 제공한다. 이러한 구체적인 자료를 영유아가 충분히 사용할 때 수학을 이해하는 데 도움이 된다. 따라서 수학영역에 비치할 수학활동 자료는 영유아의 흥미를 지속시키고, 수 세기나 연산 관련 수학적 개념뿐만 아니라 도형과 공간, 측정, 규칙성, 자료 분류 등 다양한 수학적 개념을 포함하는 구체적인 자료를 균형적으로 제공해야 한다. 또한 영유아의 연령과 생활주제를 고려하여 활동자료를 준비하여야 한다.

1) 수학적 개념에 따른 수학활동 자료

다양한 수학적 개념을 발달시키기 위한 구체적인 자료를 살펴보면 다음과 같다.

(1) 수와 연산 활동을 위한 자료

게임판과 주사위, 수 카드, 세기 막대, 자석 숫자, 수 퍼즐, 수 막대와 구슬, 셀 수 있는 물체, 숫자 도장, 수 놀이책 등

수 그림

숫자책

하트 숫자 맞추기

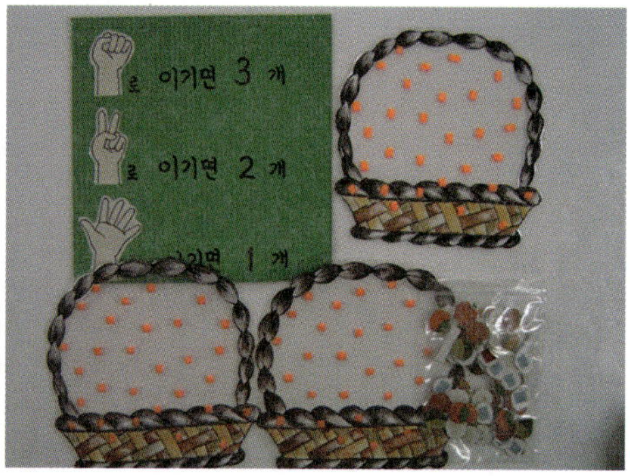

가위 바위 보 게임

허수아비와 참새 게임

달팽이 다트

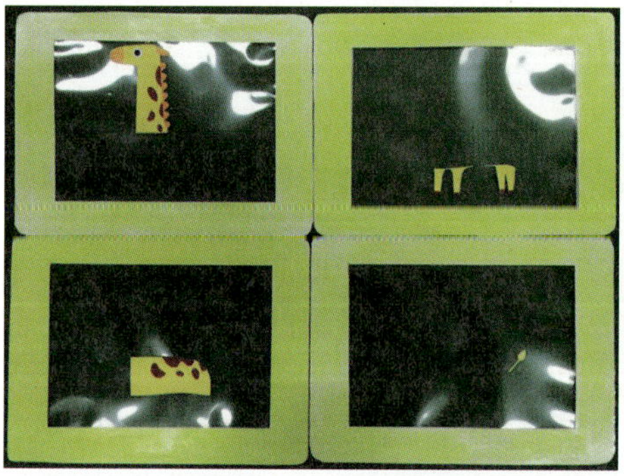

동물 부분과 전체 1

동물 부분과 전체 2

(2) 공간과 도형 활동을 위한 자료

다양한 블록(공간블록, 패턴블록, 큐브 등), 길 따라가기 게임, 미로 지오보드와 고무밴드, 좌표판, 여러 가지 기하도형, 도형퍼즐, 도형 맞추기 등

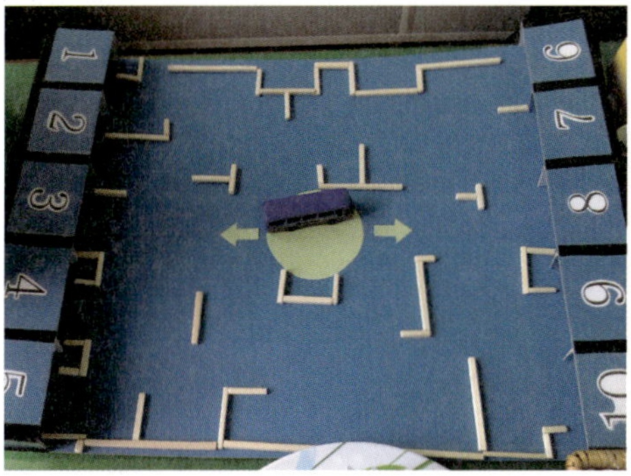

자동차를 차고로 보내요

모양책

테트리스 퍼즐

모양판 위에 놓기

나뭇가지로 도형 만들기

옷 색깔 맞추기

(3) 측정활동을 위한 자료

자, 끈 테이프, 여러 가지 막대, 요리용 측정도구(계량컵, 계량스푼 등), 여러 가지 크기의 다양한 용기, 양팔저울 체중계, 저울, 시계, 모래시계 등

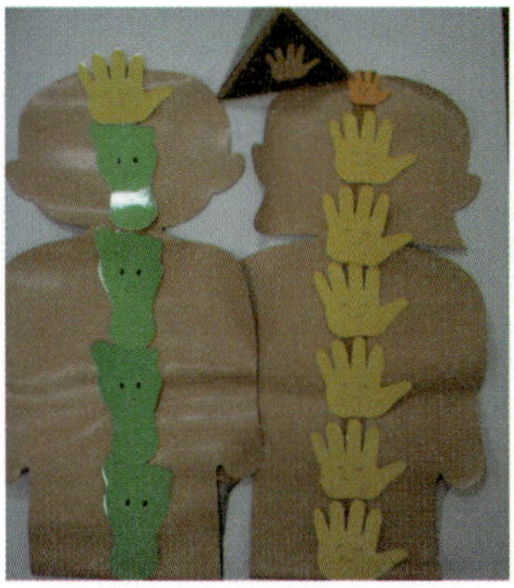

키재기

어느 것이 더 무거울까요?

거리 재기 1

거리 재기 2

꽃시계

달력

(4) 규칙성 이해활동을 위한 자료

패턴 카드, 패턴 블록, 패턴 게임자료, 속성블록, 여러 가지 패턴이 있는 물건 등

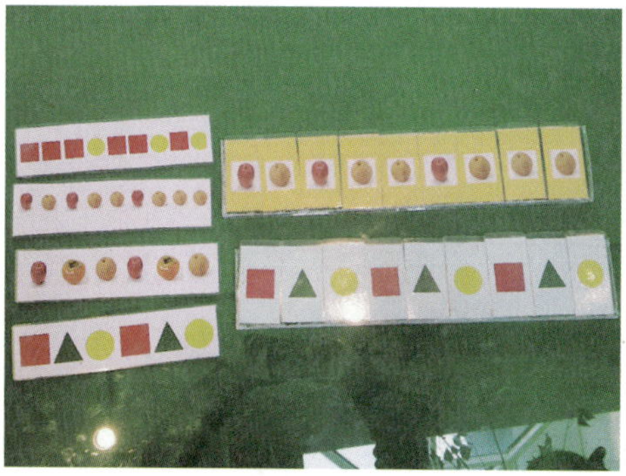

도형 패턴

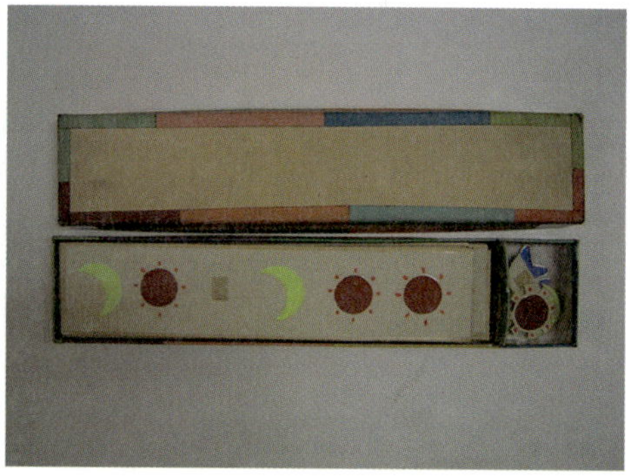

해 달 패턴

낙엽 패턴

색공 패턴

패턴 이불

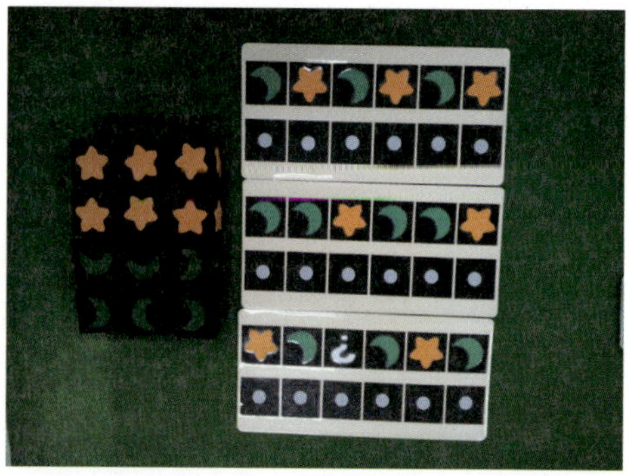

해 달 별 패턴

(5) 자료 분류활동을 위한 자료

주변에서 수집한 단주, 조개, 동전, 열매, 병 뚜껑, 분류카드와 분류판, 크기와 색깔, 모양이 다양한 블록 등

재활용 자동차

도구 분류하기

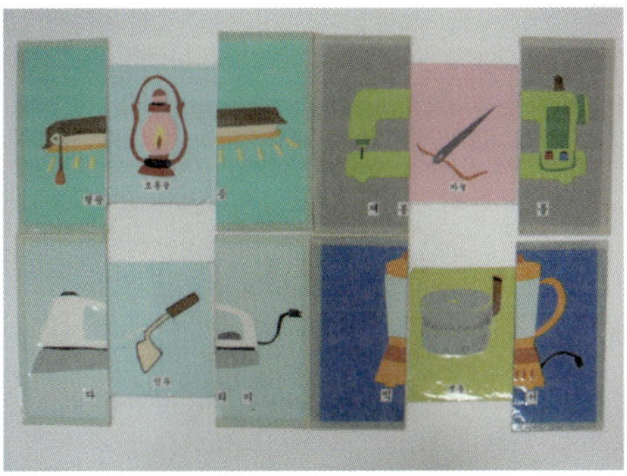

옛날 물건과 오늘날 물건

어떻게 할까요?

가족 그래프 1

가족 그래프 2

2) 주제에 따른 수학활동 자료

수학활동 자료는 영유아의 연령, 주제, 활동명, 활동목표 등을 반영하여 수학영역에 준비할 수 있는데 구체적인 예는 다음과 같다.

표 5-3 주제에 따른 수·조작 활동 자료

구분	1세	2세	3세	4세	5세
주제	• 주제:느낄 수 있어요 • 소주제: 맡아보아요	• 주제: 나는요 • 소주제: 혼자서도 잘해요	• 주제: 식물과 우리의 생활 • 소주제: 식물과 함께 하는 즐거움 느끼기	• 주제: 고마운 육상교통기관 • 소주제: 육상교통기관에서 일하는 사람 알아 보기	• 주제: 우리동네 생활 • 소주제: 우리 동네 생활공간 활용하기
활동명	• 음식 봉지 두 조각 퍼즐	• 노란 떡을 먹을까, 분홍 떡을 먹을까	• 나뭇잎 모빌 만들기	• 기차여행	• 무엇을 하는 곳일까요?
활동목표	• 전체와 부분 모양에 관심을 갖는다. • 맞추기를 시도한다.	• 사물의 특성에 따라 같은 것끼리 분류해 본다. • 집게를 사용하여 사물을 옮겨 담아 본다.	• 나뭇잎으로 반복되는 규칙성에 관심을 가진다. • 눈과 손을 협응하여 소근육을 조절해본다.	• 기차가 다니는 길에 관심을 가진다. • 규칙을 지켜 게임을 한다.	• 동네의 공공기관 및 시설에 관심을 가진다. • 여러 기관에서 하는 일을 이해한다.

구분	1세	2세	3세	4세	5세
수·조작 활동자료	• 영아용 과자, 음식봉지나 영아가 좋아하는 그림으로 만든 두 조각 퍼즐, 퍼즐과 동일한 음식 자료	• 색깔 고무찰흙(노란색, 분홍색), 집게 떡을 담을 통	• 여러 종류의 나뭇잎(감나무잎, 은행잎, 단풍잎 등), 실, 플라스틱 바늘, 나뭇잎 패턴판	• 그림자료(기찻길과 기차역이 있는 게임판 1개, 기차말 2개, 삼각주사위 1개, 탈부착 가능한 터널 2개)	• 공공시설 및 기관사진(장애인 화장실, 장애인 주차장, 휠체어길, 점자블록, 병원 경찰서, 소방서 등), 공공시설 및 기관사진을 붙여놓은 나무토막

출처: 보건복지부(2013a). 어린이집 표준보육과정에 기초한 영아보육프로그램 1세: 1권. pp. 242-243.
보건복지부(2013b). 어린이집 표준보육과정에 기초한 영아보육프로그램 2세: 1권. pp. 342-343.
교육과학기술부(2013a). 3세 누리과정 교사용 지도서 제4권 동식물과 자연. pp. 148-150.
교육과학기술부(2013b). 4세 누리과정 교사용 지도서 제7권 교통기관. pp. 82-85.
교육과학기술부(2013c). 5세 누리과정 교사용 지도서 제4권 동식물과 자연. pp. 89-91.

수·조작 교재교구의 제작 계획

수·조작 교재교구를 제작하기 위한 계획을 작성할 때 고려해야 할 사항을 살펴보면 다음과 같다.

① 어떤 활동에 필요한 교재교구인지 정한다(예: 영아의 감각활동, 유아의 규칙성(패턴) 활동 등).

② 활용하기에 적합한 교재교구의 크기와 모양을 정한다.

③ 제작방법을 고려하여 필요한 제작 도구(가위, 커터칼, 스테플러, 자, 코팅기, 글루건 등)와 적합한 재료(종이류, 보드류, 천류, 비닐류, 점토류, 철제류, 소품류, 접착재료 등)에 대해 조사한 후 결정한다.

④ 활동과 제작방법이 결정이 되었다면 교재교구 제작계획서를 작성한다.

표 5-4 수·조작 교재교구 제작 계획서

교재교구명	낚시놀이		
대상연령	만2세	영역	감각·탐색영역
교육목표	-눈과 손의 협응력을 키울 수 있다. -자석의 성질에 대해 알 수 있다.		
준비물	여러 가지 다양한 색의 펠트지, 줄, 둥근 자석 등		
제작방법	〈가방〉 ① 펠트에 가방모양의 도안을 그려 오린 후 바느질을 하고, 가방손잡이도 도안을 그려 오리고 바느질을 하고 안에 솜을 넣고 가방에 손잡이를 붙인다. ② 바깥 면에는 낚시놀이라는 제목과 물고기, 물풀 등을 펠트에 그려 오리고 바느질을 하여 붙여 놓는다. ③ 안쪽 면에 펠트로 돌과 물풀, 물방울 등을 만들어 바닷속를 표현하여 바느질을 한다. 〈물고기〉 ① 펠트에 여러 가지 물고기 모양의 도안을 그린다. ② 도안대로 잘라주고 바느질 하다가 솜을 넣는다. ③ 중간에 클립을 끼어 넣고 바느질로 마무리를 한다. 〈낚싯대〉 ① 펠트에 낚싯대 모양으로 도안을 그린다. ② 도안대로 잘라주고 손잡이 부분부터 바느질하다가 솜을 넣어준다. ③ 끝부분에 줄을 연결하고 자석을 달고 마무리를 한다.		
활동방법	① 바닷속에 사는 물고기에 대해 이야기 나눈다. ② 물고기 잡아본 경험이야기 해본다. ③ 낚시놀이 가방을 펼쳐 놓는다. ④ 2명이 짝을 지어 각자 낚싯대를 잡는다. ⑤ 가위바위보를 해서 이긴 사람이 물고기를 정해 낚는다. ⑥ 가장 많이 물고기를 낚는 사람이 이긴다.		
교재교구 사진	 		

※ 제작시 유의사항

① 교재교구에 사용되는 글자와 숫자는 정자로 하며 영유아가 보는 방향에서 바로 보일 수 있도록 제작한다.

② 교재교구에 사용되는 모든 선을 삐뚤어지지 않도록 자를 대고 바로 긋도록 하며 선을 명확히 하고자 할 때에는 네임펜을 활용하거나 마스킹테이프 등을 똑바로 오려서 반듯하게 붙여 사용하도록 한다.

③ 교재교구에 사용되는 재료의 색은 가능한 밝은 색을 사용하도록 하며, 같은 계열의 색을 짙고 옅은 정도로 이용하여 사용하거나 배지를 활용하는 것이 세련미가 있다.

④ 교재교구의 구성이 전체와 부분으로 이루어진 것일 경우에는 테두리나 배지를 같은 색으로 꾸며 주어 교구활동시 한 세트임을 쉽게 알아볼 수 있게 제작한다. 교재교구의 테두리는 마스킹 테이프 등을 이용하여 정리하면 깔끔해 보인다.

⑤ 크기가 크거나 긴 교재교구는 조립식이나 접이식, 탈부착식 방법을 사용해 제작하여 놀이시에는 원형대로 사용하며, 전시하거나 보관할 때에는 크기와 길이를 축소한다.

⑥ 벨크로테이프를 사용해 제작하는 교구일 경우는 벨크로테이프의 크기를 일정한 모양으로 작게 오려서 붙이도록 한다.

⑥ 하드보드지는 매우 단단하며 여러 겹의 종이를 압축한 종이이다. 자와 칼을 사용하여 자르고 하드보드지를 접을 때는 칼집을 살짝 내어주면 깨끗하게 접한다. 교구기본판, 상자 만들기, 책의 겉표지 등으로 활용한다.

⑦ 한지는 색상이 은은하고 부드러운 느낌과 독특한 질감으로 자연스럽고 다양한 표현을 하기에 좋다. 물풀이나 딱 풀을 사용하여 붙이는데 한지가 울거나 찢어질 수 있으므로 유의한다.

⑧ 우드락은 스티로폼을 압축하여 만든 것으로 표면이 매끄럽고 가볍지만 부러지기 쉬우므로 유의한다. 색깔 있는 우드락, 코르크 우드락, 접착 우드락 등 다양한 종류가 있다. 뒷면에 열선이나 칼을 이용해서 모양을 잘라 이용할 수 있다.

⑨ 영아를 위한 교구와 융판자료 제작에 널리 사용되는 펠트지(부직포)는 주로 바느질로 형태를 만드는데 이때 펠트지 2장을 겹쳐 어느 정도 바느질 한 후 그 사이에 두꺼운 마닐라지나 하드보드지를 넣어서 바느질을 하면 더 고정된 형태를 만들 수 있다. 솜을 넣어서도 만들 수 있는데 솜을 얇은 막대를 이용해 넣은 후 다시 바느질하도록 하고 소품일 경우 약간의 입체적 느낌만 나도록 양을 적게 넣는다. 바느질법은 주로 버튼홀스티치를 사용하는 것이 견고하며 바느질을 할 때는 실 색깔과 펠트지 색깔을 맞춰서 하는 것이 좋다.

⑩ 투명시트지를 붙여서 코팅효과를 낼 경우에는 자료에 투명시트지가 겹쳐서 붙여지지 않도록 하려면 가장자리부터 조심스럽게 누르며 점차적으로 붙이도록 한다. 또한 공기가 들어갔을 경우에는 바늘로 찌른 후 비벼 누르면 기포가 없어진다.

⑪ 코팅지를 사용해 코팅을 할 경우에는 그림자료 조각을 코팅지에 올려놓기 전에 자료의 바닥에 풀을 살짝 붙여 주고 코팅지 위쪽에 종이 모자를 끼워서 사용하면 자료가 밀리지 않아 중요한 자료의 훼손을 방지할 수 있다. 코팅이 덜 되어 뿌옇게 되는 경우 천천히 다시 코팅하면 선명해진다. 코팅이 된 후 자를 때는 0.3㎝의 여백을 두고 자르며, 모서리가 날카롭지 않도록 둥글게 오린다.

출처 : 권옥자 외(2001), 서예석, 김미량, 김현진(2012).

6 아동수학교육의 평가

영유아 수학교육에서 평가란 교사가 계획한 수학교육 활동의 효과를 측정하는 것으로 수학교육을 계획하고 실행하는 전 과정에서 영유아들이 수학적 학습을 하였는가, 영유아의 수학능력이 발달하였는가 등을 알아보는 것이다. 이를 위해서 수업을 진행하는 동안에 영유아의 수학활동 진행 과정을 관찰하고 자신의 교수법이 적절한지 평가한다. 그리고 평가한 내용을 바탕으로 수업 진행방법을 개선하고, 평가 내용을 다음 수업활동을 계획할 때에 반영한다.

본 장에서는 영유아 수학교육에서 평가방법으로 많이 사용하는 관찰, 면담, 작품수집(포트폴리오), 검사 평가의 구체적인 내용과 실시 방법을 살펴보기로 한다.

1 관찰

관찰은 교사가 영유아의 발달수준을 파악하고 행동특성을 평가할 수 있는 가장 직접적이고 기본적인 방법이다. 교사는 관찰을 이용하여 교실에서 영유아들이 수학에 가지는 관심과 흥미, 수학능력의 수준, 문제해결 상황에서 수학 지식을 어떻게 적용하는지를 평가할 수 있다(Kennedy, 1984).

특히, 관찰은 영유아의 발달 수준을 보다 사실적으로 보여줄 수 있으며, 발달 특성상 언어적 의사소통이 원활하지 않은 영유아에게 적합하다. 현장에서 많이 사용되는 관찰법의 유형에는 일화기록, 체크리스트, 평정척도 등이 있다.

1) 일화기록

일화기록은 특별한 준비나 계획, 시간이나 사건에 제한 없이, 언제 어디서나 관찰하고 기록하는 것이 가능하기 때문에 교사가 현장에서 사용하기 편리한 방법이다. 교사는 수학활동 중 영유아의 특정 행동에 초점을 맞추어 그 행동이 나타날 때마다 이를 순서대로 구체적이고 객관적으로 기록해야 한다.

표 6-1 적절한 기록과 부적절한 기록의 예

특성	부적절/적절	예시
구체성	부적절	민수는 자동차를 가지고 놀면서 열까지 세고 있다.
	적절	민수는 자동차 10대를 블록으로 만든 주차장에 놓으면서, 주차장 칸마다 일대일 대응으로 "하나, 둘, 셋…" 세면서 주차를 시키고 있다.
객관성	부적절	영진이는 구슬 꿰기를 하면서 재미있어 하였다.
	적절	영진이는 노래를 부르면서 줄에 빨간색, 파란색 구슬을 하나씩 꿰었다. 구슬꿰기를 다 하고 나서 목에 걸고 박수를 쳤다.

일화기록하는 교사는 관찰 직후 바로 기록하는 것이 바람직하나 언제나 가능한 것은 아니기 때문에 필요할 때 메모지에 핵심어만 적어 놓고 수업이 끝난 후에 기록하는 것이 좋다. 일화기록에는 영유아의 성명, 관찰자, 관찰 일시 및 장소, 수학적 사건 및 상황에 대한 요약, 그리고 영유아가 어떤 말을 했고, 어떤 행동을 했는지가 구체적이고 간단 명료하게 적혀 있어야 한다.

표 6-2 일화기록의 예

<table>
<tr><td colspan="2">관찰유아: ○○○(남, 2000. 00.00)</td><td>관찰일자: 2000. 0. 00</td></tr>
<tr><td colspan="2">관 찰 자: ○○○반 담임 ○○○</td><td>관찰장면: 주의집중활동시간, 점심시간</td></tr>
<tr><td colspan="3">유아들과 함께 그림카드 수를 5장씩 더해서 합해보는 주의집중 시간이다. "선생님이 또 몇 개를 떼나 볼까? 함께 세어보자. (5장)", "선생님이 지금까지 그림카드를 모두 몇 개 떼었을까?"라고 물어보자 준성이는 "6장이요.", 다른 유아들은 "10장이요."라고 대답하였다. 준성이는 교사의 이야기에 관심이 많으며 자신 있는 소리로 먼저 대답한다.
유아들과 함께 확인을 위해 유아들과 카드를 세어 본다. (나머지 카드수를 보여주며) "몇 장이 남았니?"라고 묻자 유아들은 "3장이요."라고 대답한다. " 10장과 3장을 합하면 모두 몇 장일까?"라고 묻자 주영이와 영준이는 "13장이요"라고 하고, 준성이는 "11장이요"라고 이야기 한다. 주영이와 영준이에게 "어떻게 알았니?" 물어보자 주영이는 "그냥 머릿속으로 세었어요.", 영준이는 "10개에 하나, 둘, 셋이니까요."라고 대답하였다. 준성이는 옆의 유아들이 이야기하는 것을 듣고 자신의 생각을 이야기하지는 않는다.
같은 날 점심시간에 영준이가 교사에게 다가와 "선생님! 준성이가 열 개에서 다섯 개를 빼면 0이래요. 5개가 맞죠?"라고 하자 준성이는 (귀를 막으며) "나도 세고 있다니까!"라고 대답한다.</td></tr>
<tr><td>평가</td><td colspan="2">• 준성이는 더하기 활동에 있어, 5장에서 5장을 합해 보라고 했을 경우 6개라고 이야기하고, 10장에서 3장을 합해 보라고 했을 경우 11장이고 대답하는 등 다섯을 더해가는 상황에서 현재 수에 하나만 더한 후 수를 말하는 경향이 있다.
• 수에 관심이 많은 편이며, 적극적으로 대답하는 모습을 보이고 있다 친구의 지적에 화를 내며 알고 있다고 대답하기도 한다.
• 수에 대해 관심이 많으나 연산 능력은 다소 부족한 것으로 보인다.</td></tr>
<tr><td>지도 방향</td><td colspan="2">자유선택활동시 수의 연산과 관련된 구체적 경험을 더 제공할 필요가 있다. 특히, 구체물을 이용해서 물체를 더해보는 활동을 접할 수 있도록 해야겠다.</td></tr>
</table>

2) 체크리스트

체크리스트는 평가하고자 하는 수학 행동에 관한 목록을 사전에 준비하고, 그 목록에 포함된 각 행동이 나타나는지를 관찰하여 '예, 아니오' 로 표기하는 방법이다. 따라서 체크리스트에는 관찰 가능한 구체적 행동 문항이 적합하다. 이와 같은 체크리스트 자체를 만드는 것은 많은 시간과 노력을 요구하는 어려운 작업이지만, 잘 만들어진 체크리스트를 구했다면 교사는 특별한 훈련 없이도 간편하게 사용하고, 신속하게 기록할 수 있다.

표 6-3 체크리스트의 예

이름		월령	
관찰자		관찰일	
문항	수준	예	아니오
1.수와 연산의 기초 개념	1) 수를 순서에 맞게 10까지 말한다.		
	2) 10까지의 일대일 대응을 한다.		
	3) 합해서 10 이내가 되는 수량을 더한다.		
	4) 사물의 수량이 많고 적음을 보고 변별한다.		
2. 공간과 도형의 기초 개념	1) 공간에 관한 기초 개념(앞, 뒤, 위, 아래 또는 옆)을 안다.		
	2) 오른쪽과 왼쪽을 구별한다.		
	3) 사물의 모양에 관심 갖는다.		
	4) 동그라미, 세모, 네모의 모양을 구별한다.		
3. 기초적인 측정	1) 하루 일과의 순서를 안다.		
	2) 사건을 순서대로 이야기한다.		
	3) 사물을 길이, 높이, 크기 등의 속성에 따라 비교한다.		
	4) 사물의 길이, 높이, 크기 등의 속성을 측정한다.		
4. 규칙성 이해	1) 규칙을 알고 그대로 따라해 본다.		
	2) 규칙을 알고 다음에 올 것을 예측한다.		
	3) 스스로 규칙을 정하여 만들어 본다.		
	4) 수와 관련된 패턴을 이해한다.		
5. 기초적인 자료 수집과 결과	1) 사물을 한 가지의 외적 준거(모양, 크기, 색깔 등 외형에 의해 분류한다.		
	2) 사물을 두 가지 이상의 외적 준거 (노랗고 큰 것, 빨갛고 작은 것 등)에 의해 분류한다.		
	3) 사물을 개념적 준거(과일, 연장 등)에 의해 분류한다.		
	4) 분류된 사물을 보고 분류 준거를 찾아낸다.		

3) 평정척도

평정척도(rating scales)는 체크리스트를 확장한 방법으로 관찰된 영유아 행동의 유무뿐 아니라 행동의 질이나 빈도를 측정하는 방법이다. 즉, 교사는 평가할 수학행동 항목에 수량화된 점수를 부과하게 된다. 따라서 관찰과 동시에 점수를 작성할 수 없으며, 관찰을 충분히 한 후 기록하게 된다.

표 6-4 평정척도의 예

이름		월령					
관찰자		관찰일					
문항	수준		① 전혀 아니다	② 약간 아니다	③ 중간 정도	④ 약간 아니다	⑤ 매우 그렇다
1. 수와 연산의 기초 개념	1) 수를 순서에 맞게 10까지 말한다.						
	2) 10까지의 일대일 대응을 한다.						
	3) 합해서 10 이내가 되는 수량을 더한다.						
	4) 사물의 수량이 많고 적음을 보고 변별한다.						
2. 공간과 도형의 기초 개념	1) 공간에 관한 기초 개념(앞, 뒤, 위, 아래 또는 옆)을 안다.						
	2) 오른쪽과 왼쪽을 구별한다.						
	3) 사물의 모양에 관심 갖는다.						
	4) 동그라미, 세모, 네모의 모양을 구별한다.						
3. 기초적인 측정	1) 하루 일과의 순서를 안다.						
	2) 사건을 순서대로 이야기한다.						
	3) 사물을 길이, 높이, 크기 등의 속성에 따라 비교한다.						
	4) 사물의 길이, 높이, 크기 등의 속성을 측정한다.						

4. 규칙성 이해	1) 규칙을 알고 그대로 따라해 본다.					
	2) 규칙을 알고 다음에 올 것을 예측한다.					
	3) 스스로 규칙을 정하여 만들어 본다.					
	4) 수와 관련된 패턴을 이해한다.					
5. 기초적인 자료 수집과 결과	1) 사물을 한 가지의 외적 준거(모양, 크기, 색깔 등 외형에 의해 분류한다.					
	2) 사물을 두 가지 이상의 외적 준거(노랗고 큰 것, 빨갛고 작은 것 등)에 의해 분류한다.					
	3) 사물을 개념적 준거(과일, 동물 등)에 의해 분류한다.					
	4) 분류된 사물을 보고 분류 준거를 찾아낸다.					

2 면담

면담은 영유아가 특정 수학 개념을 이해했는가를 질문을 통해 평가하는 방법이다. 면담은 관찰로는 쉽게 얻기 어려운 정보를 수집할 수 있지만 언어표현이 미숙한 어린 영유아를 대상으로 하기에는 한계가 있다.

영유아를 대상으로 성공적인 면담이 되기 위해서는 적절한 질문을 하는 것이 필요하다. 적절한 질문을 정리하면 다음과 같다(한유미, 2014).

① 면접을 시작할 때

- 이것을 어떻게 해보고 싶니?
- 얼마나 걸린 것 같니?
- 어떤 것을 먼저 하고 싶니?
- 그 다음은?

② 당황해하는 유아에게 질문할 때

- 선생님이 다시 한 번 해줄까?
- 다시 말해 줄까?
- 지금 네가 무엇을 하고 있는지 말해 주겠니?

③ 면접을 끝마칠 때

- 어떻게 알았니?
- 어떻게 했는지 말해 주겠니?
- 다른 사람은 다른 방법으로 생각하니?
- 다른 방법으로 할 수는 없을까?

표 6-4 면담의 예

<table>
<tr><td colspan="2">면담대상 유아: ○○○(여, 2000. 0.00)</td><td>면담일자: 2000. 0. 0</td></tr>
<tr><td colspan="2">면 담 자: ○○○반 담임 ○○○</td><td>면담장면: 자유선택활동-수조작영역</td></tr>
<tr><td colspan="3">교사: 마음에 드는 도형을 골라볼래? (원뿔을 고름)
이 도형의 이름이 무엇인지 아니?
유아: 고깔이요.
교사: (사각뿔을 보여주며) 두 도형이 서로 어떠니?
유아: 달라요. (옆면을 가리키며) 여기는 둥글어요. 이거는 평평하고요.
이거는 벽처럼 생겼는데 둥글어요. 이것도 벽처럼 생겼는데 평평해요.
교사: 같은 점이 무엇이니?
유아: 위에 고깔처럼 생긴거요.</td></tr>
<tr><td>평가</td><td colspan="2">• 실물을 살펴보면서 입체 도형의 특징을 파악하고 표현해낼 수 있다
• 구체적 용어는 사용하지 않으나 자신이 알고 있는 비슷한 용어를 사용하여 도형의 특징을 표현해 내고 있다.</td></tr>
<tr><td>지도 방향</td><td colspan="2">위치나 도형의 이름과 특징을 어느 정도 이해하고 있으므로 입체도형의 이름, 도형을 이루고 있는 수학적인 구체적 용어를 접할 수 있는 기회를 제공해야겠다.</td></tr>
</table>

3 작품수집(포트폴리오)

포트폴리오는 영유아가 여러 활동을 하면서 자연스럽게 남기는 작업 결과물이나 작품을 모아놓은 자료집을 의미한다. 영유아의 작업결과물인 그리기, 쓰기, 만들기 등의 자료를 지속적·체계적으로 수집하면 영유아의 수학능력과 수준을 평가하는데 좋은 자료가 된다.

체계적인 작품 수집을 체계적으로 하기 위해서는 다음의 단계를 고려해야 한다.(한유미, 오연주, 2003).

① 작품 수집 기준 세우기

- 영유아 1인당 몇 개의 작품을 수집할 것인가?
- 얼마나 자주 작품을 수집할 것인가?(매주/ 격주/ 적절한 작품이 나올 때마다)
- 어떤 작품을 수집할 것인가?(최상의 작품/ 일반적인 작품)

② 영유아의 자발적인 작품 수집하기

- 교사는 영유아에게 작품을 수집하는 것에 동의하는지 물어보아야 한다. 만약 영유아가 그 작품을 집에 가져가기를 원하면, 복사해서 사용한다. 수집한 작품들은 학기나 학년이 끝날 무렵 집으로 보낸다.
- 교사의 지시에 의한 작품 보다는 영유아가 자발적으로 만들어낸 작품을 수집하는 것이 좋다.

③ 작품에 대한 영유아의 의견 첨부하기

- "어떻게 만들었니?", "어떤 점이 마음에 드니?", "다르게 할 걸 하는 생각이 드는 것은 무엇이니?", "또 해보고 싶니?" 등과 같은 질문을 한다.
- 영유아가 글을 못 쓰면 교사가 받아서 적어준다.

④ 작품에 대한 교사의 의견 기록하기

- 이 작품을 만드는 것은 누가 주도했는가?(유아/교사)
- 영유아가 이 작품을 통해 성취하였는가?
- 이 작품은 특정 교육목표의 달성이나 성과를 나타내는가?
- 이 작품을 통해 영유아가 새로운 상황에 개념을 적용하거나 확장하고 있는가?

표 6-5 작품 수집(포트폴리오)의 예

관찰유아: ○○○(여, 2000. 0.00)	관찰일자: 2000. 0. 00
관 찰 자: ○○○반 담임 ○○○	활동결과물: 미술활동-'모양 종이 이용해서 꾸미기'

평가	• 동그라미, 네모 종이를 이용하여 사람의 얼굴, 집, 풍선을 꾸미고 있다. 모양 종이를 이용해서 여러 가지 모양을 구성할 수 있다. • 미술활동에 스스로 참여하였으며, 작품을 정성껏 끝까지 완성하는 태도를 보였다. • 글씨를 스스로 쓸 수 있으나 교사에게 적어달라고 이야기하였다.
지도 방향	오려진 모양이 아니라 스스로 모양을 오려서 구성할 수 있는 활동을 제공해야겠다.

수학의 경우 영유아의 직접적인 활동 및 그 과정에 대한 탐구가 강조되므로 포트폴리오가 적절하다. 영유아의 수학능력 및 수준에 대한 포트폴리오 평가를 위해서는 영유아들이 만들어낸 수학활동 작품이나 결과물 이외에도 관찰기록, 수학활동에의 참

여 기록 등을 수집할 수 있다.

수학 포트폴리오 평가에 포함될 수 있는 내용들을 구체적으로 살펴보면 다음과 같다(문연심, 2010).

- 도표나 그림으로 정보를 표현할 수 있는 작품
- 퍼즐, 문제 풀이 과정의 예나 체계적인 관찰
- 분류하기, 순서 짓기, 패턴, 상징 부호의 사용, 순서, 수 개념 등의 기본적인 사고 과정을 수행하는 능력을 보여주는 작품
- 사물의 변화나 일이 진행되는 순서에 대한 이해를 보여주는 결과물
- 프로젝트 접근법으로 얻은 보고서, 전시한 것, 그림 등의 결과물
- 자신의 생각이나 의사결정을 지지해 주는 전략들(혼잣말, 사고과정을 모니터하는 것)
- 영유아가 문제를 해결할 때 조언해 준 힌트의 예
- 영유아가 가장 좋아하는 게임이나 퍼즐 등의 예
- 요리활동을 할 때 요리 재료를 재거나 세기를 할 때의 사진
- 영유아가 교실이나 놀이터에서 기록해 놓은 차트들(예: 물주기, 햇빛의 길이)
- 영유아가 수개념을 이해한 작업결과물과 교사의 기록, 수개념에 대한 면담 결과
- 영유아의 개념적인 이해, 탐구, 가설 세우기, 문제 해결하기 등을 기록으로 나타내 주는 사진, 체크리스트, 면담 자료들

4 검사

검사(test)는 일정 시간 내에 객관적 절차를 통해서 행동 특성을 측정하는 평가 방법으로 영유아의 능력을 정확하게 평가할 수 있다. 검사는 표준화 검사와 영유아교육기관에서 교사가 제작한 비표준화 검사로 구분된다. 표준화검사는 이미 신뢰도와 타당도가 검증된 것으로 손쉽게 객관적인 자료를 얻을 수 있는 장점이 있다. 그러나 표준화검사만으로 영유아의 발달을 평가하고 영유아들을 비교하는 것은 위험하다. 그

러므로 교사가 자신의 반 영유아의 특성을 고려하여 개발한 도구 등 다른 평가도구와 함께 영유아의 발달을 이해하기 위한 자료로 사용하는 것이 좋다(고선옥, 김경신, 심윤무, 최달희, 2014).

표 6-6 분류 개념 검사도구(Fischer, 1988; 조은영, 1993 번안)의 예

1. 단순 분류

준비물 : 모양(원, 삼각형, 사각형), 크기(대, 소), 색(빨강, 파랑)을 포함하는 12개의 도형자료

1) 모양에 따른 분류하기

① 지시문 : 여러 가지 모양들이 있는데, 같은 모양들끼리 모아보자!

② 채점 : 원, 삼각형, 사각형을 각 4개씩 세 가지로 분류했을 때 1점

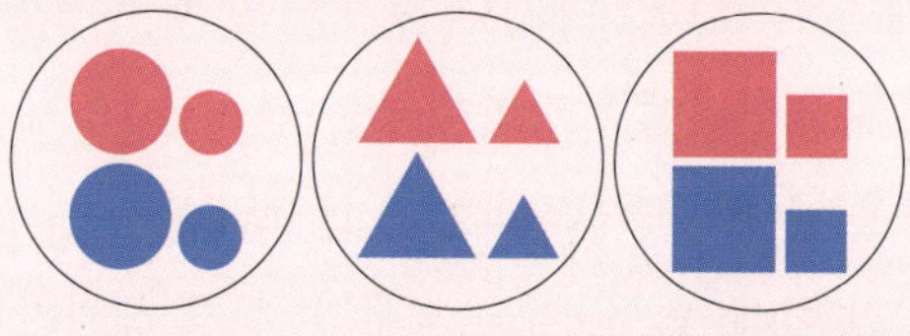

2) 색깔에 따른 분류하기

① 지시문 : 여기에 여러 가지 모양이 많이 있는데, 이 모양을 같은 색끼리 모아볼까?

② 채점 : 빨간색, 파란색을 각 6개씩 세 가지로 분류했을 때 1점

3) 크기에 따른 분류하기

① 지시문 : 여기에 여러 가지 모양이 많이 있는데, 이 모양을 큰 것끼리, 작은 것끼리 모아 볼 수 있을까?

② 채점 : 큰 것, 작은 것 각 6개씩 두 가지로 분류했을 때 1점

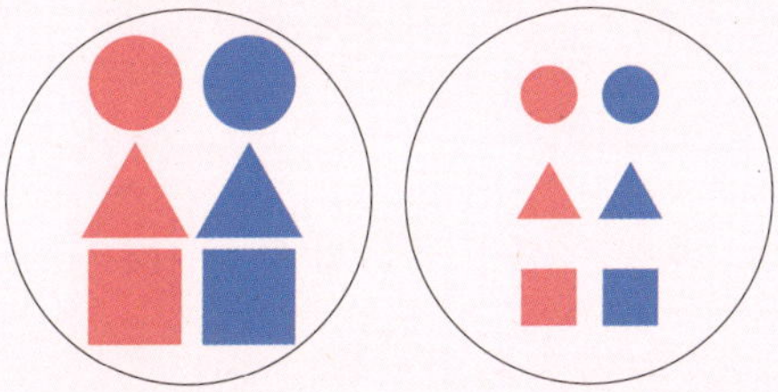

2. 복합 분류

1) 모양과 색깔에 따른 분류하기

① 지시문 : 여기에 모양과 색깔 다른 것들이 많이 있는데, 빨간색이면서 동그란 것끼리 모아 볼 수 있을까?

② 채점 : 빨간색이면서 큰 동그라미와 작은 동그라미로 분류했을 때 1점

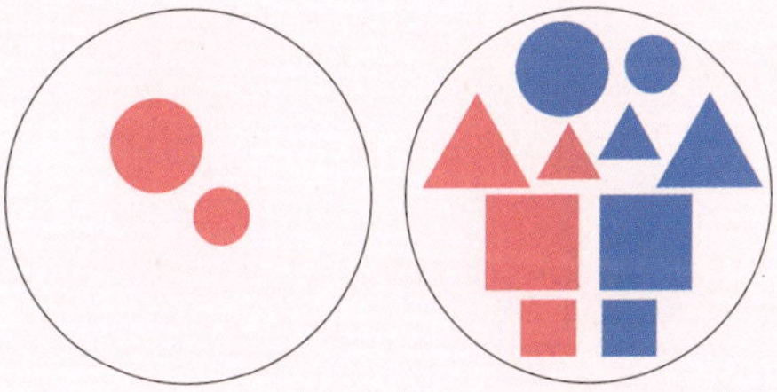

2) 색깔과 크기에 따른 분류하기

① 지시문 : 여기에 모양과 색깔이 다른 것들이 있는데, 그 중에서 빨간색이면서 큰 것들끼리 모아 볼 수 있을까?

② 채점 : 빨간색이면서 큰 동그라미, 큰 네모, 큰 세모를 분류했을 때 1점

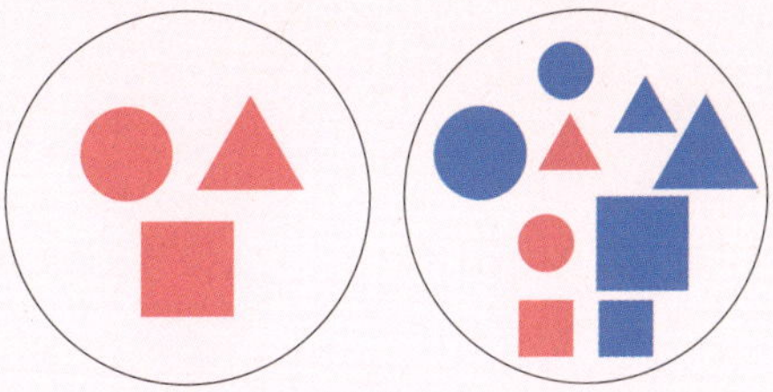

3. 사물 분류

준비물 : 동물(강아지, 고양이, 염소), 식물 잎(단풍잎, 나뭇잎, 은행잎), 악기(트라이앵글, 탬버린, 캐스터네츠), 의복(원피스, 티셔츠, 바지), 교통수단(승용차, 버스, 자전거)이 포함된 15장의 그림

1) 동물, 식물 분류하기
① 지시문 : (동물, 식물 카드를 보여준다.) 여기 동물과 식물 그림이 있단다. 이 그림들을 잘 보고 동물들은 동물끼리, 식물들은 식물끼리 모아보자.
② 채점 : 동물, 식물을 3장씩 분류했을 때 1점

2) 용도에 따른 분류하기
① 지시문 : (악기, 의복, 교통수단 그림카드를 보여준다.) 여기에 카드가 많이 있는데, 이 카드 중에서 친구가 되는 것끼리 모아보자.
② 채점 : 악기, 의복, 교통수단으로 분류했을 때 1점

수학개념 검사 기록용지	
유아 : ○○○(여, 2000. 0.00)	검사일자 : 2000. 0. 00
검사자 : ○○○	총점 : ( ) / 7

1. 단순 분류			2. 복합 분류		3. 사물 분류	
모양	색	크기	과제 1	과제 2	동·식물	용도

표 6-7 교사가 제작한 평가도구

관찰유아: ○○○(여, 2000. 0. 00)	관찰일자: 2000년 0월 00일
관 찰 자: ○○○반 담임 ○○○	관찰내용: 수와 연산의 기초 개념 알아보기
누리과정 내용	**세부항목**
생활 속에서 사용되는 수의 여러 가지 의미를 안다.	____마지막 수가 수의 양을 나타내는 것임을 안다. ____일상 생활 속에서 사용되는 다양한 수의 의미를 안다.
구체물 수량의 부분과 전체 관계를 알아본다.	____물체의 전체 수를 말한다. ____물체의 부분 수를 말한다. ____물체의 수를 비교하여 말한다.

스무 개가량의 구체물을 세어보고 수량을 알아본다.	____주변의 물체를 20까지 셀 수 있다. ____20까지 사물과 수 이름을 대응시킨다.
구체물을 가지고 더하고 빼는 경험을 해본다.	____10 이내의 수를 더할 수 있다. ____10 이상의 수를 더할 수 있다. ____10 이내의 수를 뺄 수 있다. ____10 이상의 수를 밸 수 있다.

평가	• ○○이는 수에 대해 이야기할 때 거리낌이 없이 생각하며 차분히 이야기하고 있는 것으로 보아 긍정적인 태도를 지니고 있다. • 수를 더하거나 뺄 때 손가락이나 구체물을 사용하지 않고도 머리 속으로 연산 가능하다.
지도 방향	기본적인 수 세기 및 연산 능력이 우수한 편이므로 10 이상의 수를 더해 보고 빼보는 경험을 제공하여야겠다.

PART 2

아동수학교육의 실제

7 만 0, 1, 2세 영아 아동수학교육의 실제

- 만 0~1세 영아와 놀이하며 제시할 수 있는 수학적 탐구하기 영역의 수량지각, 차이지각, 간단한 규칙성 지각 활동 등과 만 2세 영아와 놀이하며 제시할 수 있는 수학적 탐구하기 영역의 간단한 규칙성, 수량 인식, 공간과 위치, 구분하기 활동들을 제시하였다.

- 만 0~2세 영아를 위한 수학교육활동은 영아와 교사의 1:1 활동이다.

- 각 수학활동을 전개할 때 필요한 교재교구를 교사가 준비할 수 있도록 교재교구 제작방법을 제시하였다.

1-1 사물에 대한 관심 교육활동

있다 없다	
대상연령	만 0~1세
활동목표	사물이 있고 없는 상황을 경험한다
표준보육과정	수학적 탐구하기〉 수량지각〉 사물 존재 인식
활동자료	인형 또는 블록
활동방법	① 인형이나 블록 1개를 교사 등 뒤에 숨겼다가 앞으로 보여 주면서 '있다'라고 말한다. ② 인형이나 블록 1개를 교사 등 뒤로 숨기면서 '없다'라고 말한다. ③ '있다', '없다'를 반복해서 말한다. 

1-2 차이 비교 교육활동

어느 것이 더 클까?	
대상연령	만 0~1세
활동목표	사물 크기의 다름을 인식한다.
표준보육과정	수학적 탐구하기〉 차이지각〉 비교하기
활동자료	크기가 다른 인형 2개 또는 공
활동방법	① 큰 공과 작은 공을 보여 준다. ② 큰 공을 가리키며 무엇이 있는지 물어 본다. -여기 어떤 공이 있니? -그래, 큰 공이 있구나. ③ 작은 공을 보여주면서 무엇이 있는지 물어 본다. -여기 어떤 공이 있니? -그래, 작은 공이 있구나. ③ '이것은 큰 공, 이것은 작은 공이구나'라고 하면서 '크다, 작다'의 용어를 자주 사용한다. 

1-3 단순 규칙성 교육활동

<table>
<tr><th colspan="2">짝짝짝, 통통통</th></tr>
<tr><td>대상연령</td><td>만 0~1세</td></tr>
<tr><td>활동목표</td><td>박수, 소리, 동작 등이 순서 있게 반복됨을 경험한다.</td></tr>
<tr><td>표준보육과정</td><td>수학적 탐구하기〉 간단한 규칙성 지각〉 간단한 규칙 경험</td></tr>
<tr><td>활동자료</td><td>없음</td></tr>
<tr><td>활동방법</td><td>① 영아와 마주보고 앉는다.
② 교사가 박수를 짝짝짝 세 번 친다.
-박수 쳐보자, 짝짝짝.
③ 영아와 함께 박수를 짝짝짝 세 번 친다.
-아주 잘하네, 짝짝짝.
④ 교사가 배 부분을 통통통 세 번 친다.
-이번에는 배를 통통통 쳐 보자.
⑤ 영아와 함께 배 부분을 통통통 세 번 친다.
-아주 잘하네.
⑥ 영아와 함께 박수 짝짝짝, 배 부분을 통통통 반복해서 소리내어 본다.
-이번에는 같이 해보자. 짝짝짝, 통통통.

</td></tr>
</table>

<table>
<tr><th colspan="2">빨간 구슬, 파란 구슬</th></tr>
<tr><td>대상연령</td><td>만 2세</td></tr>
<tr><td>활동목표</td><td>일정한 색, 모양, 사물들이 순서 있게 반복됨을 경험한다.</td></tr>
<tr><td>표준보육과정</td><td>수학적 탐구하기〉 간단한 규칙성 지각〉 간단한 규칙성 경험</td></tr>
<tr><td>활동자료</td><td>색 구슬, 구슬을 끼울 수 있는 실, 바구니</td></tr>
<tr><td>활동방법</td><td>① 영아와 마주앉아 구슬 꿰기를 한다.
② 교사와 영아가 교대로 실에 구슬을 꿴다.
-선생님은 빨간 구슬, OO이는 파란 구슬
-선생님은 빨간 구슬, OO이는 무슨 구슬?
③ 영아가 익숙해지면 혼자서 파란 구슬을 꿴 후 빨간 구슬도 순서대로 끼워 보도록 격려한다.
-OO이가 파란 구슬을 잘 꿰었네. 이번에 선생님이 꿸 구슬도 찾아줄 수 있겠니?
</td></tr>
</table>

1-4 수에 대한 관심 교육활동

오리가 왔어요! 갔어요!	
대상연령	만 2세
활동목표	물체가 더해지고 줄어드는 것을 경험한다.
표준보육과정	수학적 탐구하기〉 수량인식〉 구체물 3개 세기
활동자료	오리 모양 그림 5개, 연못(종이접시에 파란색 색종이를 붙여 만든다)
활동방법	① 영아와 마주앉고 연못 모양을 가운데 놓는다. ② 교사는 오리 수를 첨가하면서 오리 이야기를 들려 준다. -연못에 아기 오리 한 마리가 살았어. 혼자 노니까 너무 심심했어. 그런데 어느 날 친구 오리 한 마리가 놀러 왔어. 그래서 오리가 두 마리가 되었지. 두 마리 오리는 재미있게 놀고 있었어. 그때 엄마 오리가 왔어. 오리가 모두 세 마리가 되었네. 엄마 오리는 재미있게 놀고 있는 아기 오리들에게 맛있는 간식을 주었어. ③ 교사는 오리 수를 빼면서 오리 이야기를 들려 준다. -저녁이 되어 연못에 놀러 왔던 친구 아기 오리가 집으로 갔어. 엄마 오리, 아기 오리 두 마리만 남게 되었어. 그런데 엄마 오리도 맛있는 저녁 식사를 준비하기 위해 장을 보러 마트에 갔어. 그래서 또 아기 오리 한 마리만 남게 되었어. 

1-5 단순측정 교육활동

아침 먹고 이 닦고 점심 먹고 이 닦고	
대상연령	만 2세
활동목표	일상의 시간적 순서를 경험한다.
표준보육과정	수학적 탐구하기〉 측정〉 시간순서
활동자료	아침, 점심, 저녁 먹는 그림, 이 닦는 그림 3개, 잠자는 그림
활동방법	① 영아에게 밥 먹는 그림과 이 닦는 그림, 잠자는 그림을 보여 준다. - 무엇을 하는 그림일까? ② 영아에게 준비된 그림 하나씩 소개한다. - 이 그림은 맛있게 밥을 먹는 그림이네. - 이 그림은 무엇을 하는 것 같아? (이 닦는 그림, 잠자는 그림) ③ 영아에게 생활하는 순서대로 차례로 놓아보며 다시 그림을 소개한다. - 아침 먹고 - 이 닦고 - 점심 먹고 - 이 닦고 - 저녁 먹고 - 이 닦고 - 잠자기 ④ 영아와 함께 생활하는 순서대로 놓아 본다. 

1-6 공간인식 교육활동

<table>
<tr><th colspan="2">어디에 있을까?</th></tr>
<tr><td>대상연령</td><td>만 2세</td></tr>
<tr><td>활동목표</td><td>위, 아래, 옆, 뒤의 개념을 이해하고 사물들간의 공간 관계를 구별한다.</td></tr>
<tr><td>표준보육과정</td><td>수학적 탐구하기> 공간과 도형> 위치인식</td></tr>
<tr><td>활동자료</td><td>인형, 블록, 사인펜, 그릇 등 놀잇감</td></tr>
<tr><td>활동방법</td><td>① 영아와 마주앉고 가운데 인형을 놓는다. 인형 앞, 옆에 블록, 사인펜, 그릇 등의 놀잇감을 놓은 후 물어본다.
-인형 앞에는 무엇이 있을까?
-인형 옆에는 무엇이 있을까
② 물건을 바꾸어가면서 놓은 후 어디에 있을지 물어 본다.
-블록은 인형의 어느 쪽에 있니?
-사인펜은 인형의 어느 쪽에 있니?
③ 물건들을 모아 놓고 교사의 지시에 따라 영아가 물건을 놓아본다.
-인형 뒤에 블록을 놓아 볼까?
-인형 옆에 그릇을 놓아 볼까?
</td></tr>
</table>

1-7 분류하기 교육활동

같은 색깔 바구니를 찾아요	
대상연령	만 2세
활동목표	다양한 색에 관심 가지고 한 가지 속성에 따라 자료를 구분하는 경험을 한다.
표준보육과정	수학적 탐구하기〉 구분하기〉 같은 점 인식
활동자료	여러 가지 색깔의 플라스틱 블록
활동방법	① 영아와 앉아서 색깔 블록이 담긴 바구니를 가운데 놓고 영아와 마주앉는다. -어떤 색깔의 블록이 있니? ② 다양한 색을 말해 본다. ③ 색깔별로 블록을 골라서 꺼내어 바구니에 담는다, -노란색 블록은 어떤 것들이 있을까? 바구니에 담아 보자. -빨간색 블록은 어떤 것들이 있을까? 바구니에 담아 보자. ④ 교실에서 같은 색 물건을 찾아 본다. -교실에서 노란색 물건을 찾아 보자. 

1-8 도형인식 교육활동

나의 반쪽을 찾아주세요	
대상연령	만 2세
활동목표	비슷한 것을 짝지을 수 있다.
표준보육과정	수학적 탐구하기〉 구분하기〉 같은 점 인식
활동자료	하드보드지, 펠트지
제작방법	① 펠트지에 과일과 채소의 밑그림을 그리고 따라 자른다. ② 자른 도안을 반으로 자른다. ③ 펠트지를 직사각형으로 2개씩, 총 10개를 색깔별로 자른다. ④ 직사각형으로 자른 펠트지 위에 반으로 자른 과일 도안을 붙여서 바느질한다. ⑤ 펠트지 2장안에 하드보드지를 넣어서 바느질한다.
활동방법	① 유아에게 먼저 모양카드의 반쪽을 보여 준다. ② 유아가 나머지 반쪽을 찾도록 한다. ③ 모양카드와 실물을 함께 보며 이야기 나눈다.  

바다속 동물 맞추기	
대상연령	만 2세
활동목표	비슷한 것을 짝지을 수 있다.
표준보육과정	수학적 탐구하기〉 구분하기〉 같은 점 인식
활동자료	하드보드지, 색상지, 시트지
제작방법	① 하드보드지에 색상지를 오려 붙여 바다기본판을 꾸민다. ② 바다 기본판 위에 바다동물의 모양을 흰 종이에 그려서 오리고 붙인다. ③ 흰 종이를 이용해 자른 바다동물의 모양을 색상지를 똑같이 만든다. ④ 색상지로 만든 바다동물 뒤에 찍찍이를 둥글게 오려 붙인다.
활동방법	① 바다 기본판과 바다동물을 탐색한다. ② 흰 그림자와 같은 모양의 바다동물을 찾아 본다. ③ 그림자와 바다동물 모양이 같은지 확인해 본다. 

모양그림 맞추기	
대상연령	만 2세
활동목표	비슷한 것을 짝지을 수 있다.
표준보육과정	수학적 탐구하기〉 구분하기〉 같은 점 인식
활동자료	하드보드지, 펠트지, 찍찍이, 솜
제작방법	① 펠트지를 오려서 여러 가지 바다동물 인형 15가지를 만든다. ② 하드보드지 3장에 펠트지를 오려 붙여 3개의 모양 기본판을 꾸민다. ③ 모양 기본판 위에 여러 가지 바다동물 인형의 그림자를 하얀 펠트지로 오리서 붙인다. ④ 바다동물 인형 뒤에 찍찍이를 둥글게 오려 붙인다.
활동방법	① 여러 가지 그림자 모양이 있는 모양 그림판을 제시한다. ② 영아들이 모양판 위에 알맞은 모양을 찾아 올려 놓는다. ③ 하나의 모양 그림판의 모양 찾기가 익숙해지면, 다른 모양 그림판을 내어 준다.  

모양나라	
대상연령	만 2세
활동목표	도형의 형태를 알고 같은 모양을 찾을 수 있다.
표준보육과정	수학적 탐구〉 공간과 도형 인식〉 같은 점 인식
활동자료	펠트지, 찍찍이(보들이), 솜, 하드보드지, EVA
제작방법	① 직사각형 EVA 4가지 색 각 2장씩 8장을 준비한다. ② 4개의 직사각형 EVA 위에 도형이 들어갈 부분을 그려서 밑면의 도형이 보이도록 오려서 앞면을 만든다. 앞면과 밑면이 서로 다른 색으로 앞면에 밑면을 대어 기본판을 완성한다. ③ 펠트지로 여러 가지 도형 모양으로 2개씩 자른다. ④ 오려진 도형 모양 중 1개는 기본판의 오려진 부분에 붙이고, 나머지 도형 모양은 도형카드를 만든다. ⑤ 도형카드는 펠트지에 솜을 넣어서 도형 입체카드로 만든다.
활동방법	① 기본판의 도형을 탐색한다. ② 도형 입체카드의 모양을 탐색한다. ③ 기본판에서 같은 도형을 찾아 도형카드를 올려 놓는다. 

교통기관 맞추기	
대상연령	만 2세
활동목표	비슷한 것을 짝지을 수 있다.
표준보육과정	수학적 탐구하기〉 구분하기〉 같은 점 인식
활동자료	하드보드지, 펠트지
제작방법	① 동그라미 모양으로 하드보드지를 자른다. ② 펠트지를 동그라미로 오리고, 하드보드지로 만든 동그라미 모양을 안에 넣어 바느질한다. ③ 펠트지로 비행기, 자동차, 배, 트럭 인형을 솜을 넣어서 만든다. ④ 동그라미카드 두 개를 포개 놓고, 펠트지로 배경을 꾸민다. ⑤ 동그라미 2개씩 같은 배경으로 꾸민다. ⑥ 각각의 동그라미 카드에 찍찍이를 붙인다.
활동방법	① 동그라미 카드 여러 조각을 섞어서 영아에게 내어 준다. ② 교통기관 동그라미 카드의 그림을 맞추어 2개씩 짝을 찾게 한다. ③ 배경에 맞게 교통기관 인형을 찾아서 동그라미 카드에 붙인다. 

과일 맞추기	
대상연령	만 2세
활동목표	• 과일 조각을 맞출 수 있다. • 여러 가지 과일을 탐색한다.
표준보육과정	수학적 탐구〉 공간과 도형 개념 형성하기〉 같은 점 인식
활동자료	펠트지, 솜, 바늘, 실, 가위
제작방법	① 펠트지에 과일을 그린다. ② 과일조각을 자른다. ③ 다른 색상의 펠트지를 준비한다. ④ 과일조각 판을 만들기 위해 펠트지를 반으로 접은 후 스템플러로 찍어 고정시킨다. ⑤ 과일조각과 판을 솜을 넣고 바느질한다.
활동방법	① 과일과 관련된 사진이나 그림자료를 자유롭게 탐색한다. ② 과일 모양에 맞게 과일조각들을 맞춰 본다. ③ 과일의 이름, 색, 모양 등 특징을 이야기한다.  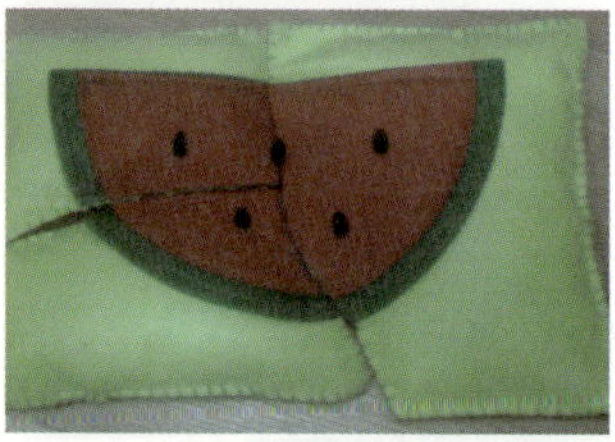 

동물 짝 맞추기

대상연령	만 2세
활동목표	비슷한 것을 짝지을 수 있다.
표준보육과정	수학적 탐구〉 공간과 도형 개념 형성하기〉 같은 점 인식
활동자료	하드보드지, 펠트지, 털실
제작방법	① 하드보드지를 알맞은 크기로 자른다. ② 하드보드지 크기만큼 펠트지를 자른다. ③ 동물 모양을 자른다. ④ 동물 모양을 반으로 자른 후 펠트지에 대고 바느질하여 부분 동물카드를 만든다.
활동방법	① 맞추기 카드를 맞추기 전에 동물들의 전체 모양을 살펴 본다. ② 맞추기 카드를 서로 섞는다. ③ 섞여 있는 맞추기 카드를 맞추어서 동물 모양을 완성한다.  

8 만 3, 4, 5세 유아 아동수학교육의 실제

1 수와 연산 교육활동

• 만 3~5세 유아를 위한 수학적 탐구하기 영역의 수 세기, 서수 읽기, 수의 순서 인식, 수의 양 인식, 구체물 수량의 부분과 전체, 간단한 연산들을 제시하였다.

• 각 수학활동을 전개할 때 필요한 교재교구를 교사가 준비할 수 있도록 교재교구 제작방법을 제시하였다.

1-1 수세기 교육활동

동물 먹이 주기	
대상연령	만 3세
활동목표	1-5까지의 숫자를 세어 본다.
누리과정	수학적 탐구하기〉 수와 연산의 기초 개념〉 수 세기
활동자료	여러 가지색 펠트지, 플라스틱 통, 리본끈
제작방법	① 펠트지로 토끼, 원숭이, 강아지를 만든다. ② 토끼, 원숭이, 강아지의 입은 반달 모양으로 자른다. ③ 반달모양의 입 동물들을 플라스틱 통 위에 붙인다. ④ 각 동물들이 먹는 먹이를 5개씩 만든다.
활동방법	① 동물들을 보여 준다. ② 동물들이 먹는 먹이를 탐색한다. ③ 각 동물들의 먹이를 1개, 2개, 3개 넣어 본다. ④ 먹이를 넣을 때 숫자를 세어 본다. ⑤ 다 넣은 후 유아들이 "토끼는 당근을 3개 먹었어요."라고 말해 본다. 

다리를 연결해 보아요	
대상연령	만 3세
활동목표	• 1~4까지의 숫자를 세어 본다. • 동물다리 수만큼 집게를 집을 수 있다.
누리과정	수학적 탐구하기〉 수와 연산의 기초 개념〉 수 세기
활동자료	여러 가지 색의 펠트지, 솜, 박스, 빨래집게
제작방법	① 동물 모양의 도안을 그린 뒤 펠트지에 모양을 그려 오린다. ② 동물 모양 펠트지 사이에 솜을 넣는다. ③ 각 동물의 머리와 몸통을 꾸민다. ④ 빨래집게를 넣을 상자를 펠트지로 감싸 통을 만든다.
활동방법	① 동물의 다리 개수를 알아 본다. ② 꽃게, 오징어, 문어의 다리 개수를 알아 본다. ③ 동물의 다리가 몇 개인지 알아보고, 동물의 다리 수만큼 빨래집게를 집는다. ④ 다른 동물의 다리도 알아 본다. ⑤ 모든 동물의 다리를 빨래집개로 만들어 본다. 

모기 잡기	
대상연령	만 3세
활동목표	1~3까지의 숫자를 세어 본다.
누리과정	수학적 탐구하기〉 수와 연산의 기초 개념〉 수 세기
활동자료	펠트지, 글루건, 파리채, 찍찍이, 찍찍이, 솜, 가위
제작방법	① 펠트지로 모기를 만든다. ② 모기 날개 윗부분에 찍찍 이를 붙여 준다. ③ 파리채를 크기에 맞게 잘라 낸다. ④ 잘라낸 파리채 위에 펠트지를 사용하여 오려 두었던 동물 모양 펠트지를 감싼 후 동물 얼굴을 글루건으로 붙여 주고 몸통을 바늘로 꿰매 준다. ⑤ 동물 얼굴을 파리채에 바느질한 후 얼굴에 솜을 넣어 준다. ⑥ 동물 얼굴 뒷면에 찍찍이를 붙여 준다.
활동방법	① 모기들을 잡기 쉽게 풀어 놓는다. ② 풀어 놓은 모기들을 1마리, 2마리, 3마리씩 파리채로 잡아 본다. ③ 파리채에 붙은 모기 수만큼 세어 본다.  

곰돌이 낚시놀이	
대상연령	만 3세
활동목표	1~5까지의 숫자를 세어 본다.
누리과정	수학적 탐구하기〉 수와 연산의 기초 개념〉 수 세기
활동자료	펠트지, 색 클립, 찍찍이, 자석, 나무젓가락
제작방법	① 펠트지를 잘라 곰돌이 판과 물고리를 만든다. ② 나무젓가락으로 낚싯대를 만들고 끝에 자석을 붙인다. ③ 펠트지로 만든 물고기에 색 클립을 끼운다.
활동방법	① 유아가 낚싯대를 들고 물고기를 잡아 본다. ② 잡은 물고기는 곰돌이 입 안에 넣는다. ③ 잡은 물고기 수를 세어 본다.  

<table>
<tr><th colspan="2">무와 당근을 심어요</th></tr>
<tr><td>대상연령</td><td>만 3세</td></tr>
<tr><td>활동목표</td><td>1~3까지의 숫자를 세어 본다.</td></tr>
<tr><td>누리과정</td><td>수학적 탐구하기〉 수와 연산의 기초 개념〉 수 세기</td></tr>
<tr><td>활동자료</td><td>계란판 2개, 펠트지, 솜, 한지</td></tr>
<tr><td>제작방법</td><td>① 계란판에 한지를 붙인다.
② 펠트지를 이용해 솜을 넣어 무와 당근을 만든다.
③ 펠트지를 이용해 솜을 넣어 주사위를 만든다.</td></tr>
<tr><td>활동방법</td><td>① 1~3까지를 알아 본다.
② 2명이 계란판을 나누고 주사위를 굴려 나온 수만큼 무와 당근을 심어 본다.
③ 먼저 계란판에 무와 당근을 모두 채운 유아가 이긴다.
</td></tr>
</table>

양 다트	
대상연령	만 3세
활동목표	1부터 10까지 수의 간단한 연산을 안다.
누리과정	수학적 탐구하기〉 수와 연산의 기초 개념〉 수 세기
활동자료	하드보드지, 펠트지, 찍찍이 천, 솜, 탁구공, 찍찍이
제작방법	① 펠트지를 양의 얼굴, 몸통 모양으로 2장씩 자른다. ② 양의 얼굴 앞면에 얼굴 모습을 꾸미고, 얼굴 앞뒤 2장을 솜을 넣어 바느질한다. ③ 양의 몸통 앞면에 찍찍이 천을 둥글게 오려 바느질한다. 몸통 앞뒤 2장을 솜을 넣어 바느질한다. ④ 하드보드지에 배경을 꾸미고 양 인형을 접착제로 붙인다. ⑤ 탁구공 5개에 찍찍이를 두 줄로 잘라 십자 모양으로 붙여 준다.
활동방법	① 선생님이 양 다트판을 벽에 걸고 양의 배에 탁구공을 던지는 시범을 보인다. ② 한 명이 5개의 탁구공을 던져 양의 배에 맞춰 본다. ③ 양의 배에 공을 던져서 제일 많이 맞힌 유아가 이긴다. 

당근을 주세요

대상연령	만 4세
활동목표	1-5까지의 숫자를 세어 본다.
누리과정	수학적 탐구하기〉 수와 연산의 기초 개념〉 수 세기
활동자료	하드보드지, 펠트지,색상지
제작방법	① 하드보드지에 펠트지를 붙인다. ② 하드보드지를 중앙 위에서부터 아래까지 테이프를 붙여서 팀을 나눈다. ③ 마스킹 테이프로 하드보드지 테두리를 붙인다. ④ 토끼 2마리, 당근 40개를 만든다. ⑤ 토끼그림을 각 팀 게임판에 붙인다. ⑥ 1, 2, 3 주사위와 1, 2, 3, 4, 5, 6 주사위를 만든다.
활동방법	① 2명의 유아가 게임판을 탐색한다. 2개의 토끼판을 2명이 나눈다. ② 2명이 각각 당근 20개를 나누어 갖는다. ③ 1, 2, 3 주사위를 굴려서 나온 수만큼 자신의 토끼에게 당근을 준다. 먼저 자신의 토끼판에 20개의 당근을 붙인 유아가 이긴다. ④ 익숙해지면 1, 2, 3, 4, 5, 6 주사위로 바꾼다. (먼저 자신의 토끼판에 20개의 당근을 붙인 유아가 이긴다.) 

<table>
<tr><th colspan="2">수박씨 붙이기</th></tr>
<tr><td>대상연령</td><td>만 4세</td></tr>
<tr><td>활동목표</td><td>수의 크고 작음을 알고 큰 수와 작은 수를 구별한다.</td></tr>
<tr><td>누리과정</td><td>수학적 탐구하기〉 수와 연산의 기초 개념〉 수 세기</td></tr>
<tr><td>활동자료</td><td>우드락, 펠트지, 글루건</td></tr>
<tr><td>제작방법</td><td>① 수박 원형을 펠트지로 만들어 우드락 앞면에 붙이고, 뒷면에는 수박 속 모양을 만들어 우드락에 붙인다.
② 숫자 카드를 10×5cm 정도 크기로 1~7까지 2세트를 만든다.
③ 펠트지로 40개의 수박씨 모양을 만들고 벨크로 테이프를 붙인다.
④ 수박씨를 담을 통을 만든다.</td></tr>
<tr><td>활동방법</td><td>① 수박씨 교구를 탐색한다.
② 수박판을 나누어 갖는다.
③ 먼저 할 순서를 정한다.
④ 숫자 카드를 뽑는다.
⑤ 카드에 나온 수만큼 수박씨를 붙인다.
⑥ 게임이 끝난 후 각자의 수박씨의 수를 세어 많은 사람이 이긴다.
</td></tr>
</table>

동물핸드폰놀이

동물핸드폰놀이	
대상연령	만 4세
활동목표	1부터 10까지 수를 센다.
누리과정	수학적 탐구하기〉 수와 연산의 기초 개념〉 수 세기
활동자료	펠트지, 솜, 글루건
제작방법	① 펠트지로 핸드폰을 만들 모양대로 자른다. ② 앞면에 숫자를 붙이고 핸드폰을 꾸민다. ③ 숫자면과 뒷면 2장 안에 솜을 넣고 바느질한다.
활동방법	① 전화기와 부직포 숫자를 함께 놓고 자기집 전화번호에 대해서 이야기 나눈다. ② 유아가 직접 부직포 숫자를 이용해서 자기집 전화번호를 붙여 본다. 자신이 직접 숫자를 읽어보게 한다. (02 - 222 - 2222는 우리집 전화번호입니다.) ③ 여러 명의 유아가 돌아가며 붙여 본다. 

계산기놀이	
대상연령	만 5세
활동목표	1부터 10까지 수를 센다.
누리과정	수학적 탐구하기〉 수와 연산의 기초 개념〉 수 세기
활동자료	하드보드지, 펠트지, 솜
제작방법	① 펠트지를 오려서 밑면을 만든다. ② 1부터 9 그리고 0까지 숫자카드를 솜을 넣어서 제작한다. ③ 펠트지로 마우스를 만든다.
활동방법	① 가게놀이 등 역할놀이를 할 때 사용한다. ② 버튼을 눌러 보거나 바로 물건을 찍어 보며 역할 놀이를 해본다. ③ 1000원 가격표가 있는 한 가지 물건의 가격 계산을 직접해 본다. (손님, 1000원입니다.) ④1000원 가격표가 있는 두 가지 물건의 가격 계산을 직접해 본다. (손님 2000원입니다.) 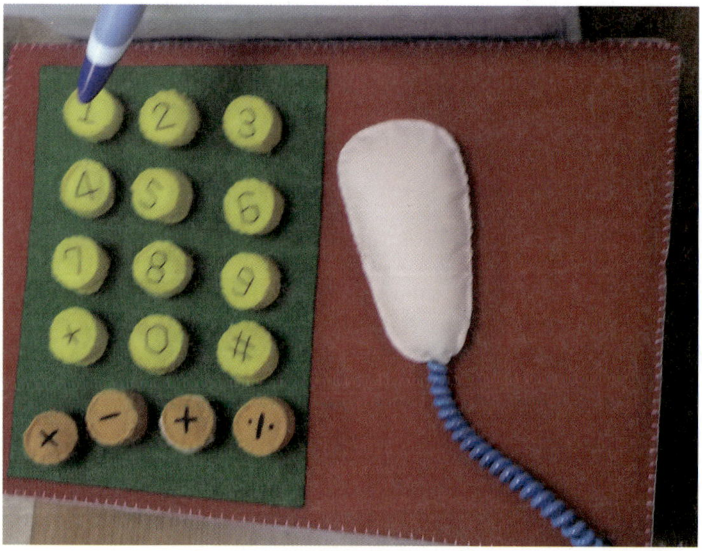

파리 잡기	
대상연령	만 5세
활동목표	1-10까지의 숫자를 세어본다.
누리과정	수학적 탐구하기〉 수와 연산의 기초 개념〉 수 세기
활동자료	파리채, 선물상자, 뿅뿅이, 찍찍이, 인형 눈, 하드보드지, 글루건, 솜
제작방법	① 파리채 2개를 펠트지로 감싸 준 후 찍찍 이를 붙여 준다. ② 선물상자 2개를 펠트지로 감싸 준다. ③ 크기가 다른 뿅뿅이 2개로 파리를 20개 만든다. ④ 변 모양으로 하드보드지를 자른 뒤 펠트지로 감싸 준다.
활동방법	① 가운데에 변모양의 판을 둔다. ② 2개의 상자와 파리채를 나누어 가진다. ③ 판에 파리를 둔 후 순서를 정해 파리채로 파리를 잡아 상자에 넣는다. ④ 파리가 다 없어지면 누가 파리를 많이 가졌는지 세어 본다. 

<table>
<tr><th colspan="2">숫자탑 쌓기</th></tr>
<tr><td>대상연령</td><td>만 4세</td></tr>
<tr><td>활동목표</td><td>1부터 4까지 서수(순서수)로 읽는다.</td></tr>
<tr><td>누리과정</td><td>수학적 탐구하기〉 수와 연산의 기초 개념〉 서수 읽기</td></tr>
<tr><td>활동자료</td><td>펠트지, 가방 바닥</td></tr>
<tr><td>제작방법</td><td>① 펠트지를 네모 모양으로 자른다.
② 숫자와 글씨 등을 자른다.
③ 잘라 놓은 네모모양에 숫자와 글씨들을 바느질한다.
④ 가방 바닥을 사이에 넣고 바느질한다.
⑤ 가방 바닥을 넣은 펠트지를 모아 상자 모양으로 바느질한다.</td></tr>
<tr><td>활동방법</td><td>① 상자 안에 상자를 넣어 보며 수를 익힌다.
② 상자를 뒤집어 탑을 쌓아 본다.
③ 하나, 둘, 셋, 넷, 다섯 서수를 알고 읽는다.

</td></tr>
</table>

1-2 수의 순서 교육활동

숫자자동차 단추 끼우기	
대상연령	만 4세
활동목표	1부터 7까지의 수의 순서를 안다.
누리과정	수학적 탐구하기〉 수와 연산의 기초 개념〉 수의 순서 인식
활동자료	펠트지, 솜, 접착제, 단추
제작방법	① 펠트지를 자동차 모양을 만들어 가위로 자른다. ② 펠트지로 숫자를 만들어 자동차모양에 대고 바느질한다. ③ 두 자동차 모양을 합쳐서 단춧구멍을 만든다. ④ 두 자동차 모양 사이에 솜을 집어넣고 가장자리를 바느질한다. ⑤ 단추구멍 반대 방향에 단추를 단다.
활동방법	① 유아들이 숫자 자동차을 가지고 논다. ② 각 숫자 자동차의 숫자를 읽는다. ③ 숫자 자동차 순서를 말해 본다. ④ 숫자의 순서대로 숫자 자동차의 단추를 끼어 본다. ⑤ 다시 숫자 자동차를 섞어 놓고, 수의 순서대로 숫자 자동차 단추를 끼어 본다. 

숫자카드 단추 끼우기	
대상연령	만 4세
활동목표	1부터 7까지의 수의 순서를 안다.
누리과정	수학적 탐구하기〉 수와 연산의 기초 개념〉 수의 순서 인식
활동자료	펠트지, 솜, 접착제, 단추
제작방법	① 색 펠트지를 도안의 모양대로 2장씩 오린다. ② 펠트지 위에 숫자와 숫자만큼의 동그라미를 붙여 바느질한다. ③ 두 도안 펠트지를 겹쳐서 단춧구멍을 만든다. ④ 두 도안 펠트지 사이에 솜을 집어 넣고 바느질한다. ⑤ 단추구멍 반대 방향에 단추를 단다.
활동방법	① 유아들이 숫자카드를 가지고 논다. ② 각 숫자카드의 숫자를 읽는다. ③ 숫자카드의 순서를 말해 본다 ④ 숫자의 순서대로 숫자카드의 단추를 끼워 본다. ⑤ 다시 숫자카드를 섞어 놓고, 수의 순서대로 숫자카드의 단추를 끼어 본다. 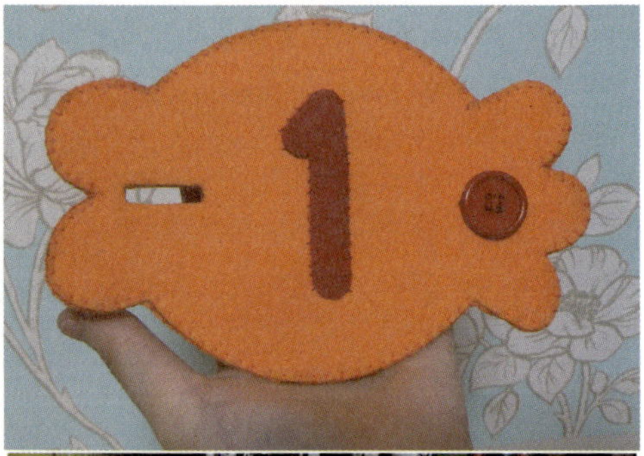 

<table>
<tr><th colspan="2">숫자애벌레 단추 끼우기</th></tr>
<tr><td>대상연령</td><td>만 5세</td></tr>
<tr><td>활동목표</td><td>1부터 9까지의 수의 순서를 안다.</td></tr>
<tr><td>누리과정</td><td>수학적 탐구하기〉 수와 연산의 기초 개념〉 수의 순서 인식</td></tr>
<tr><td>활동자료</td><td>펠트지, 솜, 접착제, 단추</td></tr>
<tr><td>제작방법</td><td>① 펠트지를 동그랗게 모양을 만들어 가위로 자른다.
② 펠트지로 숫자를 만들어 동그라미 모양에 대고 바늘과 실을 이용해서 바느질한다.
③ 두 동그라미 모양을 합쳐서 단춧구멍을 만든다.
④ 두 동그라미 사이에 솜을 집어 넣고 바느질한다.
⑤ 단춧구멍 반대 방향에 단추를 단다.</td></tr>
<tr><td>활동방법</td><td>① 유아들이 숫자 동그라미를 가지고 놀며 탐색한다.
② 각 숫자 동그라미의 숫자를 읽는다.
③ 숫자 동그라미 순서를 말해 본다
④ 작은 숫자의 순서대로 숫자 동그라미의 단추를 끼어 본다.
⑤ 다시 숫자 동그라미를 섞어 놓고, 큰 수부터 순서대로 숫자 동그라미의 단추를 끼워 본다.

</td></tr>
</table>

1-3 수의 양 교육활동

색뿅뿅이를 모아요	
대상연령	만 3세
활동목표	1부터 4까지의 수의 양을 안다.
누리과정	수학적 탐구하기〉 수와 연산의 기초 개념〉 수의 양 인식
활동자료	하드보드지, 펠트지, 우유곽 3개, 다양한 색의 뽕뽕이, 할핀, 얼음틀
제작방법	① 얼음틀 2개와 얼음틀에 맞는 다양한 색의 뽕뽕이를 준비한다. ② 하드보드지로 크기가 다른 돌림판을 만든다. ③ 크기가 큰 하드보드지 돌림판에 색깔별로 뽕뽕이를 붙인다. ④ 크기가 작은 하드보드지에는 숫자 1, 2, 3, 4를 오려 붙인다. ⑤ 우유곽 3개를 크기에 맞게 잘라 준다. ⑥ 알맞은 크기의 우유곽에 뽕뽕이 색깔에 맞는 펠트지를 붙여 준다.
활동방법	① 얼음틀을 하나씩 나누어 갖는다. ② 뽕뽕이 돌림판을 돌린다. ③ 돌려서 나온 색깔의 뽕뽕이를 수 돌림판에서 나온 수 만큼 얼음틀에 담는다. ④ 얼음틀을 먼저 다 채우는 유아가 이긴다. 

손가락에 반지 끼우기	
대상연령	만 3세
활동목표	1부터 5까지의 수의 양을 안다.
누리과정	수학적 탐구하기〉 수와 연산의 기초 개념〉 수의 양 인식
활동자료	펠트지, 목장갑, 솜, 플라스틱 동그라미 고리, 리본, 접착제, 깡통
제작방법	① 목장갑 2개에 솜을 빵빵하게 넣어서 밑면을 리본으로 묶는다. ② 2개의 장갑손에 손톱과 숫자를 접착제로 붙인다. ③ 프라스틱 고리는 연결 부분을 리본으로 장식하여 반지를 만든다. ④ 반지통을 꾸민 후 기본판 가운데에 통을 고정시킨다. ⑤ 기본판 양옆에 접착제로 장갑손을 세워서 붙인다.
활동방법	① 반지통에 있는 반지를 꺼내본다. ② 손에 붙여 있는 숫자대로 반지를 끼워 본다. ③ 하나하나 끼우면서 1~5까지 숫자를 세어 본다. ④ 활동이 끝난 후 반지를 빼서 반지통에 정리한다. 

토끼에게 당근을 주세요

대상연령	만 3세
활동목표	1부터 3까지의 수의 양을 안다.
누리과정	수학적 탐구하기〉 수와 연산의 기초 개념〉 수의 양 인식
활동자료	펠트지, 하드보드지, 전기테이프, 눈알, 시트지, 당근그림, 할핀
제작방법	**토끼 얼굴 상자** ① 펠트지 위에 토끼얼굴을 그려준다. ② 토끼 입의 크기는 위의 상자의 동그라미 구멍 크기만큼 뚫어 준다. ③ 똑같이 두 개를 그린 뒤 겹쳐서 바느질한다. ④ 안에 손을 넣어서 빵빵하게 만들어 준다. ⑤ 눈과 수염을 만들어 얼굴에 달아 준다. ⑥ 만든 토끼얼굴을 육면체 상자 위에 붙인다. **게임판** ① 하드보드지에 원을 그리고, 원을 6등분한다. ② 6등분 안에 당근그림을 1개, 2개, 3개 순서대로 2개씩 배치한다. ③ 화살표를 만들어 와이핀에 꽂아 준 뒤 원 가운데 꽂아서 돌아갈 수 있도록 만든다.
활동방법	

<table>
<tr><th colspan="2">수량 찾아 연결해요</th></tr>
<tr><td>대상연령</td><td>만 4세</td></tr>
<tr><td>활동목표</td><td>숫자의 수량을 알 수 있다.</td></tr>
<tr><td>누리과정</td><td>수학적 탐구하기〉 수와 연산의 기초 개념〉 수의 양 인식</td></tr>
<tr><td>활동자료</td><td>색하드보드지, 색상지, 투명시트지, 숫자카드, 수량 그림카드, 고무줄, 와이핀</td></tr>
<tr><td>제작방법</td><td>① 색하드보드지의 양옆으로 색상지로 만든 1~10 숫자카드와 1~10 숫자만큼 그림이 그려진 수량카드를 붙인다.
② 색하드보드지를 투명시트지로 감싸서 기본판을 만든다.
③ 기본판의 양쪽 20개의 그림 옆으로 와이핀을 붙인다.
④ 와이핀을 연결할 수 있게 가장자리에 동그라미 고리를 만든 고무줄을 10개 만든다. 고무줄 길이를 3단계로 조절한다.</td></tr>
<tr><td>활동방법</td><td>① 기본판의 숫자와 수량카드를 살펴 본다.
② 1개의 수량카드의 모양그림 갯수를 세어 본다.
③ 1개의 수량카드와 숫자카드를 맞추어 고무줄로 연결한다.
④ 나머지 9개의 수량카드와 숫자카드를 맞추어 고무줄로 연결한다.
</td></tr>
</table>

<table>
<tr><th colspan="2">모양 숫자주사위</th></tr>
<tr><td>대상연령</td><td>만 4세</td></tr>
<tr><td>활동목표</td><td>1부터 6까지의 수의 양을 안다.</td></tr>
<tr><td>누리과정</td><td>수학적 탐구하기〉 수와 연산의 기초 개념〉 수의 양 인식</td></tr>
<tr><td>활동자료</td><td>펠트지, 스펀지, 단추</td></tr>
<tr><td>제작방법</td><td>① 바탕이 될 펠트지 6장을 알맞은 크기로 자른다.
② 펠트지로 숫자 1~6을 잘라서 6면에 바느질한다.
③ 펠트지로 딸기, 아이스크림, 물고기, 별, 풍선, 하트 모양을 잘라서 6면에 바느질한다.
④ 다 만들어진 펠트지 6장을 주사위 모양으로 바느질해 안에 알맞은 크기의 스펀지를 넣어 모양 숫자 주사위를 완성한다.</td></tr>
<tr><td>활동방법</td><td>① 모양 숫자 주사위의 6면을 살펴본다.
② 1~6까지 읽어 본다. 1~6의 숫자의 양을 알아 본다.
③ 모양 숫자 주사위를 던져 나온 숫자에 대해 알아 본다.
④ 모양 숫자 주사위를 이용해 여러 가지 게임을 해본다.

</td></tr>
</table>

숫자기차를 타요	
대상연령	만 4세
활동목표	1부터 5까지의 수의 양을 안다.
누리과정	수학적 탐구하기〉 수와 연산의 기초 개념〉 수의 양 인식
활동자료	요구르트 병, 펠트지, 찍찍이, 글루건, 막대기
제작방법	① 펠트지를 각 색으로 2장씩 사각형으로 오려서 준비한다. ② 앞면 펠트지에 창을 오리고, 창 밑에 숫자를 오려서 접착제로 붙인다. ③ 앞뒤 2장의 사각형을 붙여서 바느질한다. ④ 밑면에 바퀴를 붙이고 각 사각형을 단추로 연결하여 기차를 만든다. ⑤ 펠트지로 곰돌이 인형을 만든다.
활동방법	① 기차에 있는 숫자만큼 곰돌이인형을 기차에 태운다. 

사과애벌레	
대상연령	만 4세
활동목표	1부터 10까지의 수의 양을 안다.
누리과정	수학적 탐구하기〉 수와 연산의 기초 개념〉 수의 양 인식
활동자료	펠트지, 뽕뽕이, 인형눈 ,글루건, 필기도구, 솜
제작방법	① 모양(사과, 나뭇잎, 숫자) 도안을 그린다. ② 펠트지에 도안을 올려 놓고 자른다. ③ 사과 모양에 숫자에 맞게 구멍을 판다. ④ 사과 모양을 버튼홀 스티치를 사용에 바느질하고 솜을 넣는다. ⑤ 나뭇잎 모양에 숫자 모양을 바느질한다. ⑥ 사과 모양과 나뭇잎 모양을 바느질해서 모양을 완성시킨다. ⑦ 뽕뽕이를 사용하여 애벌레 모양을 만들고 인형 눈을 붙여서 완성시킨다.
활동방법	① 구멍에 에벌레를 넣어 본다. ② 애벌레 숫자를 세어 본다. 

하트 숫자 맞추기	
대상연령	만 4세
활동목표	1부터 10까지의 수의 양을 안다.
누리과정	수학적 탐구하기〉 수와 연산의 기초 개념〉 수의 양 인식
활동자료	펠트지, 여러 가지 단추
제작방법	① 펠트지를 하트 모양으로 자른다. ② 하트 모양의 펠트지를 반으로 자른 후 한쪽에는 1~10까지의 숫자를, 다른 한쪽에는 개수에 맞게 여러 가지 단추를 붙인다. ③ 숫자와 단추를 붙인 펠트지를 뒷면과 바느질한다.
활동방법	① 단추카드와 숫자카드를 1개씩 관찰하고 숫자를 세어 본다. ② 숫자카드와 단추카드를 서로 같은 수끼리 맞추어 하트를 완성한다. 

<table>
<tr><th colspan="2">핫도그 숫자대로 넣기</th></tr>
<tr><td>대상연령</td><td>만 4세</td></tr>
<tr><td>활동목표</td><td>1부터 10까지의 수의 양을 안다.</td></tr>
<tr><td>누리과정</td><td>수학적 탐구하기〉 수와 연산의 기초 개념〉 수의 양 인식</td></tr>
<tr><td>활동자료</td><td>요구르트 병, 펠트지, 찍찍이, 글루건, 막대기</td></tr>
<tr><td>제작방법</td><td>① 요구르트 빈 병을 씻어서 말려 준 후, 위를 잘라 낸다.
② 요구르트 빈 병 5개를 글루건으로 붙인 후 펠트지를 붙여 준다.
③ 찍찍이를 붙여 준 후 숫자 펠트지를 만들어 찍찍이를 붙여 준다.
④ 펠트지로 핫도그 모양을 잘라서 케첩과 머스터드 소스 모양을 꾸민다.
⑤ 핫도그 모양 앞뒤를 겹쳐서 바느질하여 솜을 넣은 뒤 막대기를 꽂아 글루건으로 고정시켜 준다.</td></tr>
<tr><td>활동방법</td><td>① 핫도그를 하나씩 숫자통에 넣어 본다.
② 하나하나 넣어 보며 1부터 5까지 숫자를 세어 본다.

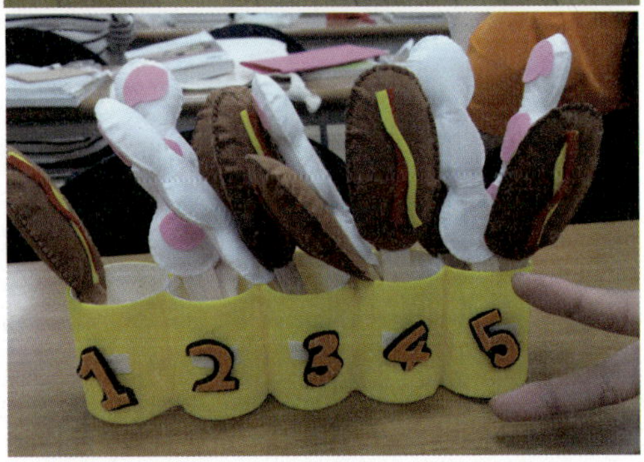

</td></tr>
</table>

무당벌레 빨래집게 숫자카드	
대상연령	만 4세
활동목표	1부터 8까지의 수의 양을 안다.
누리과정	수학적 탐구하기〉 수와 연산의 기초 개념〉 수의 양 인식
활동자료	하드보드지 , 색상지, 빨래집게
제작방법	① 하드보드지로 원 을 만든다. ② 원판에 무당벌레 날개의 점을 이용해 1~8지의 수카드를 그린다. ③ 가운데 와이핀을 사용하여 돌림바늘을 붙인다. 돌림바늘은 펀치로 구멍을 뚫어야 잘 돌아간다. ④ 1~8까지의 숫자를 빨래집게에 붙인다.
활동방법	① 무당벌레 날개에 붙은 점의 수를 세어 본다. ② 원판의 8면과 같은 숫자의 빨래집게를 찾아 원판에 끼운다. ③ 다른 게임을 할 때, 가운데 돌림바늘을 돌려서 숫자돌림판으로 이용한다. 

식빵 수 세기	
대상연령	만 4세
활동목표	1부터 8까지의 수의 양을 안다.
누리과정	수학적 탐구하기〉 수와 연산의 기초 개념〉 수의 양 인식
활동자료	하드보드지 , 색상지, 빨래집게
제작방법	① 펠트지를 식빵 모양으로 오린다. ② 펠트지로 1~10까지의 숫자를 오리고 숫자만큼의 동그라미를 오린다. ③ 식빵 앞면에는 숫자를 붙여서 바느질하고, 뒷면에는 숫자만큼의 동그라미를 붙여서 바느질한다. ④ 식빵의 앞면과 뒷면 같은 숫자 짝을 찾아서, 솜을 넣어 바느질한다. ⑤ 식빵이 더러워지지 않게 식빵용 비닐봉투에 담는다.
활동방법	① 식빵을 1개씩 꺼내어 숫자를 읽어 본다. ② 각 식빵의 뒷면을 보고 수의 양을 확인한다. ③ 유아들은 간단한 더하기 연산에 이용한다. ④ 2개의 식빵의 숫자를 를 더해 보고, 뒤로 뒤집어서 더한 수가 맞는지 확인한다. 

숫자기억력게임

대상연령	만 5세
활동목표	1부터 8까지의 수의 양을 안다.
누리과정	수학적 탐구하기〉 수와 연산의 기초 개념〉 수의 양 인식
활동자료	우드락, 하드보드지, 뿅뿅이, 시트지
제작방법	**숫자 카드** ① 1~8까지 숫자와 그림을 준비한다. ② 숫자와 그림을 코팅한다. ③ 우드락을 카드 크기에 맞게 자르고 투명 시트지로 감싼다. ④ 코팅한 카드를 우드락에 붙이고 우드락을 자른다. ⑤ 카드를 붙인 우드락에 손잡이를 붙인다. **게임판** ① 27×29cm 크기로 우드락을 2장 자른다. ② 우드락은 투명 시트지로 감싼다. ③ 1장의 우드락 네 모서리를 2cm 남겨두고 16조각을 판다. ④ 나머지 우드락과 접착제를 이용하여 붙인다
활동방법	① 2명의 유아가 교구에 놓여있는 카드를 섞는다. ② 가위-바위-보를 하여 먼저 고를 순서를 정한다. ③ 유아가 카드 두 개를 뒤집고, 두 카드의 숫자와 그림이 맞으면 가져간다. ④ 뒤집은 카드의 숫자와 그림이 다르면 다시 제자리에 놓아 둔다. ⑤ 많은 카드를 가져간 유아가 승리한다.  

<table>
<tr><th colspan="2">숫자카드 3개 연결 맞추기</th></tr>
<tr><td>대상연령</td><td>만 5세</td></tr>
<tr><td>활동목표</td><td>1부터 10까지의 수의 양을 안다.</td></tr>
<tr><td>누리과정</td><td>수학적 탐구하기〉 수와 연산의 기초 개념〉 수의 양 인식</td></tr>
<tr><td>활동자료</td><td>색상지, 글루건, 펠트지</td></tr>
<tr><td>제작방법</td><td>① 펠트지로 맞추기 모양 30장을 자른다.
② 1~10 숫자를 오린다.
③ 빨간색 점을 55개 오린다.
④ 각 숫자에 맞는 그림을 오린다.
⑤ 각 맞추기 조각에 색상에 맞춰 숫자, 점, 그림들을 글루건으로 붙인다.
⑥ 보관상자를 만든다.</td></tr>
<tr><td>활동방법</td><td>① 1~10까지의 숫자카드를 수의 순서대로 맞춘다.
② 1~10까지의 점카드를 수의 순서대로 맞춘다.
③ 1~10까지의 숫자그림카드를 수의 순서대로 맞춘다.
④ 각각 숫자마다 같은 수의 숫자카드, 점카드, 숫자그림카드를 3개 연결한다.
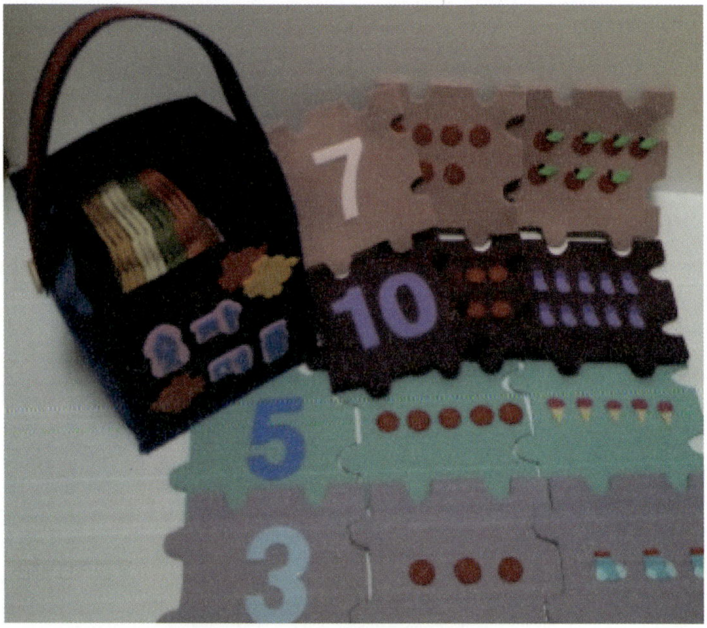</td></tr>
</table>

비치는 숫자카드

<table>
<tr><td>대상연령</td><td>만 5세</td></tr>
<tr><td>활동목표</td><td>• 1~10까지의 숫자를 안다.
• 1~10까지의 수와 양을 연결한다.</td></tr>
<tr><td>누리과정</td><td>수학적 탐구하기〉 수와 연산의 기초 개념〉 수의 양 인식</td></tr>
<tr><td>활동자료</td><td>색상지, 글루건, 펠트지</td></tr>
<tr><td>제작방법</td><td>① 직사각형 흰색 색상지 20장을 준비한다.
② 10개 직사각형의 3분의 2 위쪽지면에 1~10까지의 수량그림 카드를 만들어 붙인다.
③ 10개 직사각형의 3분의 1 아래쪽지면 왼쪽으로 1~10까지의 숫자카드를 붙인다.
④ 만들어진 10장의 밑면카드를 배지를 대고 코팅한다. 코팅한 카드의 가장자리를 색테이프를 붙여서 꾸민다.
⑤ 나머지 10개 직사각형의 3분의 2 위쪽지면에 1~10까지의 수량그림 카드가 비치도록 색상지를 오려 낸다.
⑥ 나머지 10개 직사각형의 3분의 1 아래쪽지면 왼쪽으로 1~10까지의 숫자카드가 비치도록 색상지를 오려 낸다.
⑦ 나머지 10개 직사각형의 3분의 1 아래쪽지면 오른쪽에 숫자이름 카드(일이삼…)를 붙인다.
⑧ 만들어진 10장의 앞면카드를 코팅한다. 코팅한 카드의 가장자리를 색테이프를 붙여서 꾸민다.</td></tr>
<tr><td>활동방법</td><td>① 10장의 밑면카드를 늘어 놓은 후 각 카드의 숫자를 세어 본다.
② 10장의 앞면카드 중 밑면카드와 맞는 카드를 찾아서 앞면과 밑면을 서로 겹친다.
③ 겹쳐진 숫자카드에서 숫자를 세어 보고 읽어 본다.

</td></tr>
</table>

숫자만큼 젓가락으로 집기

대상연령	만 5세
활동목표	1부터 10까지의 수의 양을 안다.
누리과정	수학적 탐구하기〉 수와 연산의 기초 개념〉 수의 양 인식
활동자료	우유곽, 글루건, 뽕뽕이, 젓가락, 펠트지, 바구니
제작방법	① 우유를 사이즈에 맞게 자른 뒤 펠트지로 감싼다. ② 우유곽 안에 숫자를 글루건으로 붙인다. ③ 숫자를 나열한 뒤, 글루건으로 서로 붙인다. ④ 젓가락을 펠트지로 감싼 뒤, 바구니 안에 교구를 넣는다.
활동방법	① 뽕뽕이를 젓가락을 이용해 집어 본다. ② 우유곽 안에 해당하는 숫자만큼 뽕뽕이를 넣는다. ③ 다 넣은 후에 뽕뽕이 숫자가 맞는지 다시 꺼내어 확인한다.  

1-4 수의 모양 교육활동

곰돌이와 숫자주머니	
대상연령	만 4세
활동목표	1부터 10까지의 수의 모양을 안다.
누리과정	수학적 탐구하기〉 수와 연산의 기초 개념〉 수의 모양 인식
활동자료	펠트지, 실, 글루건, 부직포
제작방법	① 곰돌이 도안을 프린트하여 자른다. ② 자른 곰돌이 도안을 펠트지에 그려 오린다. ③ 곰돌이 주머니 모양을 펠트지에 그려 오린다. ④ 곰돌이 주머니 모양 위에 숫자를 붙이고 곰돌이에 붙여 바느질한다. ⑤ 곰돌이를 바느질한 후 솜을 넣는다. ⑥ 곰돌이 주머니를 바느질한 후 부직포에 붙인다.
활동방법	① 곰돌이 인형을 만져 보며 숫자를 읽어 본다. ② 숫자를 읽어 보며 차례대로 나열해 본다. ③ 숫자를 읽어 보며 숫자에 맞는 주머니에 곰돌이를 넣어 본다.  

숫자 뚜껑	
대상연령	만 4세
활동목표	1부터 10까지의 수의 모양을 안다.
누리과정	수학적 탐구하기〉 수와 연산의 기초 개념〉 수의 모양 인식
활동자료	펠트지, 하드보드지, 페트병, 병뚜껑, 통, 모루
제작방법	① 하드보드지 위에 숫자를 붙여 놓고 그 위에 페트병 윗부분만 잘라 붙인다. ② 뚜껑에 1, 2, 3, 4, 5, 6, 7, 8, 9, 10 숫자를 붙여 놓는다. ③ 하드보드지에 뚜껑을 담을 통을 붙인다. ④ 테두리를 모루로 감싼다.
활동방법	① 1부터 10까지 숫자뚜껑을 관찰한다. ② 똑같은 숫자를 찾아 뚜껑을 닫아 본다. 

그림 안에서 숫자모양 찾기

그림 안에서 숫자모양 찾기	
대상연령	만 4세
활동목표	1부터 5까지의 수의 모양을 안다.
누리과정	수학적 탐구하기〉 수와 연산의 기초 개념〉 수의 모양 인식
활동자료	숫자그림판에 넣을 그림, 하드보드지
제작방법	① 1~9까지의 숫자 모양이 숨어 있는 그림을 하드보드지에 붙여서 그림판을 만든다. ② 숨어 있는 숫자 모양에 꼭맞는 숫자카드를 만든다.
활동방법	① 유아들이 그림판을 보면서 어떤 이야기가 있을까 이야기를 꾸며 본다. ② 그림판에서 숫자모양을 찾아서 숫자카드를 올려 놓는다. ③ 그림에서 꾸민 이야기와 숫자카드를 연결하여 이야기를 꾸며 본다. 

달걀 뒤집기	
대상연령	만 4세
활동목표	1부터 10까지의 수의 모양을 안다.
누리과정	수학적 탐구하기〉 수와 연산의 기초 개념〉 수의 모양 인식
활동자료	하드보드지, 뒤집개, 펠트지
제작방법	① 하드보드지를 직사각형으로 자른 후 프라이팬을 완성한다. ② 달걀부침 모양 그리고 오린다. ③ 동그란 노른자를 10개 오린다. ④ 1~10까지의 숫자를 오린다. ⑤ 노른자를 흰자에 바느질한다. ⑥ 흰자 두 개를 맞대고 솜을 집어넣고 바느질한다.
활동방법	① 뒤집개를 이용해 달걀부침을 뒤집는다. ② 숫자가 몇 까지 있는지 세어 본다. ③ 뒤집은 달걀부침을 접시에 담는다. ④ 어떤 숫자를 뒤집었는지 이야기해 본다. 

1-5 수의 부분과 전체 교육활동

케이크 조각 나누기	
대상연령	만 3세
활동목표	구체물에서 부분과 전체를 안다.
누리과정	수학적 탐구하기〉 수와 연산의 기초 개념〉 구체물 수량의 부분과 전체
활동자료	스티로폼, 펠트지, 솜, 찍찍이, 리본테입, 글루건
제작방법	① 스티로폼을 케이크 모양으로 자른 후 8조각으로 나눈다. ② 각 조각을 펠트지와 리본테이프로 장식한다. ③ 각 조각의 옆면에 찍찍이를 붙여서 케이크 모양을 완성한다. ④ 케이크를 장식할 작은 과일조각 인형을 만든다.
활동방법	① 동화 『토끼의 생일 케이크』를 들려 주고, 케이크를 손님에게 똑같이 나누어 주는 방법에 대해 물어 본다. -생일케이크를 2명에게 나누어 주자. 똑같이 나누어 보자. -생일케이크를 4명에게 나누어 주자. 똑같이 나누어 보자. -생일케이크를 8명에게 나누어 주자. 똑같이 나누어 보자. ② 케이크 조각 모형으로 직접 2, 4, 8명의 친구들에게 케이크를 똑같이 나누어 주게 한다. ③ 6명이 나누고, 2조각이 남았을 때는 어떻게 할지 의논한다. 남은 케이크를 다시 6등분으로 나누어야 한다.  

<table>
<tr><th colspan="2">피자 조각 나누기</th></tr>
<tr><td>대상연령</td><td>만 3세</td></tr>
<tr><td>활동목표</td><td>구체물에서 부분과 전체를 안다.</td></tr>
<tr><td>누리과정</td><td>수학적 탐구하기〉 수와 연산의 기초 개념〉 부분과 전체</td></tr>
<tr><td>활동자료</td><td>펠트지, 솜, 찍찍이, 운동화 끈, 하드보드지, 글루건</td></tr>
<tr><td>제작방법</td><td>피자판 만들기
① 갈색 펠트천에 큰 원을 2장 그려서 오린다.
② 하드보드지를 큰 원 크기로 동그랗게 오린다.
③ 갈색 큰 원 2장 사이에 하드보드지 원를 넣고 바느질한다.
④ 판의 원 안에 찍찍이를 6개 붙인다.

피자조각 만들기
① 연한 노란색 팰트천에 큰 원보다 4, 5cm 작게 원을 2장을 그려서 오린 후 작은 원을 다시 6등분한다.
② 하드보드지에 작은 원을 그려서 오린 후 다시 6등분한다.
③ 노란색 피자조각 2장 사이에 하드보드지 조각를 넣고 바느질한다.
④ 6조각 피자의 가장자리를 갈색 펠트지로 솜을 넣어서 둥글게 테두리를 만들어서 피자조각에 붙인다.
⑤ 6개의 피자조각 뒷면에 찍찍이를 붙인다.
⑥ 피자에 얹을 수 있는 작은 음식토핑을 만든다.</td></tr>
<tr><td>활동방법</td><td>① 피자를 먹어 본 경험을 이야기하고 피자판을 내어 준다.
② 피자조각을 유아들에게 나누어준다.
③ 각자 자신의 피자조각에 원하는 음식 토핑을 해본다.
④ 토핑이 끝난 피자조각 6개를 다시 피자판에 붙여서 피자를 완성한다.
</td></tr>
</table>

1-6 간단한 연산 교육활동

<table>
<tr><th colspan="2">고양이 먹이 주기</th></tr>
<tr><td>대상연령</td><td>만 3세</td></tr>
<tr><td>활동목표</td><td>1부터 10까지 수의 간단한 연산을 안다.</td></tr>
<tr><td>누리과정</td><td>수학적 탐구하기〉 수와 연산의 기초 개념〉 간단한 연산</td></tr>
<tr><td>활동자료</td><td>선물상자, 바구니, 펠트지, 우유곽, 글루건, 솜</td></tr>
<tr><td>제작방법</td><td>① 2개의 선물상자를 펠트지로 감싸서 바느질한다.
② 고양이 머리를 만들 때 생선이 쉽게 빠지도록 입을 자른 뒤 솜을 넣어 입체적으로 만든다.
③ 선물상자 위에 만든 고양이 머리를 붙인다.
④ 생선 20개는 펠트지에 솜을 넣고 바느질하여 입체적으로 만든다.
⑤ 1, 2, 3 숫자 주사위를 2개 만든다.</td></tr>
<tr><td>활동방법</td><td>① 2개의 고양이 상자를 나누어 갖는다.
② 주사위를 각각 1개씩 던져서 더 큰 수가 나온 사람이 두 수를 뺀 차이만큼 고양이 먹이를 가져와 자기 고양이에게 먹인다.
③ 고양이 먹이가 다 없어지면 누가 먹이를 많이 먹었는지 세어 본다.
</td></tr>
</table>

<table>
<tr><th colspan="2">꿀돼지 주판</th></tr>
<tr><td>대상연령</td><td>만 4세</td></tr>
<tr><td>활동목표</td><td>1부터 10까지 수의 간단한 연산을 안다.</td></tr>
<tr><td>누리과정</td><td>수학적 탐구하기〉 수와 연산의 기초 개념〉 간단한 연산</td></tr>
<tr><td>활동자료</td><td>옷걸이, 지점토, 펠트지, 솜</td></tr>
<tr><td>제작방법</td><td>① 지점토를 동그랗게 만들고 가운데를 빨대로 뚫는다.
② 지점토가 다 마르면 포스터물감을 칠하고 그 다음 니스칠을 한다.
③ 니스칠까지 끝난 지점토를 옷걸이 윗부분을 풀어서 다 끼운다.
④ 옷걸이 윗부분을 다시 꼬아서 옷걸이 거는 부분을 자른다.
⑤ 팰트천으로 꿀돼지를 만들어서 옷걸이에 붙이고 몸통을 만든다.
⑥ 1~9까지의 숫자카드를 만든다.
⑦ 1~6 주사위 2개를 만든다.</td></tr>
<tr><td>활동방법</td><td>① 주사위 2개을 차례대로 한 개씩 던져서 나온 수를 더한다.
② 나온 수의 카드와 답카드를 옷걸이에 붙인다.
③ 나온 수만큼 옷걸이 아래의 구슬을 옮겨서 답이 맞는지 확인한다.
</td></tr>
</table>

<table>
<tr><th colspan="2">사과를 8개씩 만들어요</th></tr>
<tr><td>대상연령</td><td>만 5세</td></tr>
<tr><td>활동목표</td><td>1부터 8까지 수의 간단한 연산을 안다.</td></tr>
<tr><td>누리과정</td><td>수학적 탐구하기〉 수와 연산의 기초 개념〉 간단한 연산</td></tr>
<tr><td>활동자료</td><td>하드보드지, 투명 셀로판지</td></tr>
<tr><td>제작방법</td><td>① 하드보드지에 8개의 직사각형을 뚫어 기본판을 만든다.
② 투명 셀로판지를 8개 뚫은 직사각형 안으로 붙이고 8칸에 사과모양을 각각 0~7개씩 붙인다.
③ 기본판 뒤에 하드보드지를 붙이고, 위아래 쪽만 연결하여 붙인다.
④ 초록색 하드보드지를 네모로 8개 자르고, 손잡이를 만들어서 사과카드를 만든다.
⑤ 각 사과카드에 사과를 1~8개씩 붙이는데, 카드를 기본판에 넣었을 때, 사과가 8개 가지런히 보이도록, 미리 사과카드를 넣어보고 알맞은 위치를 정해서 붙인다.</td></tr>
<tr><td>활동방법</td><td>① 유아들이 기본판 각 칸의 사과 수를 세어 본다.
② 어떤 사과카드를 각 칸에 넣어야 사과가 8개가 되는지, 여러 개의 사과카드를 번갈아 넣어 본다.
③ 각 칸의 사과가 모두 8개가 되도록 사과카드를 옆으로 넣는다.
④ 활동을 변형하여 기본판 각 칸의 사과가 7개 또는 6개가 되도록(모든 칸을 채우지 못하더라도) 카드를 넣는다.
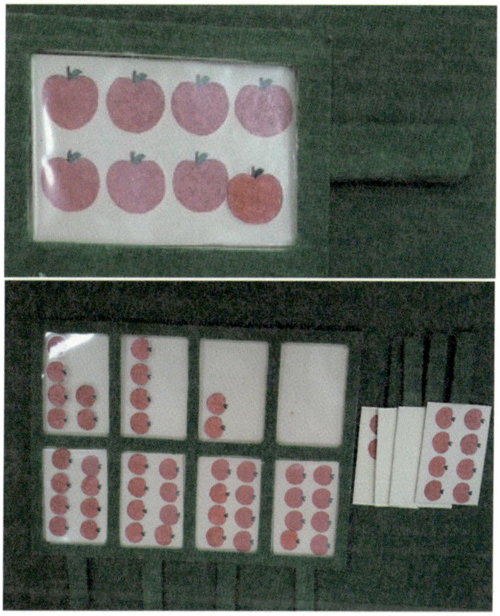</td></tr>
</table>

<table>
<tr><th colspan="2">더하기 빼기 숫자놀이</th></tr>
<tr><td>대상연령</td><td>만 5세</td></tr>
<tr><td>활동목표</td><td>1부터 10까지 수의 간단한 연산을 안다.</td></tr>
<tr><td>누리과정</td><td>수학적 탐구하기〉 수와 연산의 기초 개념〉 간단한 연산</td></tr>
<tr><td>활동자료</td><td>여러 가지 색의 펠트지. 솜, 접착제</td></tr>
<tr><td>제작방법</td><td>① 펠트지를 숫자모양, 동그라미 모양으로 자른다.
② 앞면에 숫자와 부호를 접착제로 붙인다.
③ 앞면과 뒷면 2장을 솜을 넣은 후 원통 모양으로 꿰맨다.
④ 숫자를 담을 바구니 뚜껑에 0부터 9까지의 숫자와 덧셈, 뺄셈 부호를 꿰매 준다.</td></tr>
<tr><td>활동방법</td><td>① 2개의 숫자를 선택하고, 부호카드를 선택한다.
② 나온 답을 숫자카드로 표시한다.
</td></tr>
</table>

7개의 별 만들기	
대상연령	만 5세
활동목표	1부터 10까지 수의 간단한 연산을 안다.
누리과정	수학적 탐구하기〉 수와 연산의 기초 개념〉 간단한 연산
활동자료	펠트지, 솜, 접착제, 단추
제작방법	① 검은색 하드보드지에 색종이를 별 모양으로 오려 붙여 별 카드를 만든다. ② 별 카드는 1, 2, 3, 4, 5, 6의 카드를 각 3장씩 총 18장 만든다.
활동방법	① 카드를 모두 뒤집어 놓는다. ② 순서를 정한다. ③ 2장의 카드를 한 번에 뒤집어서 더한 수가 7이 되면 2장의 카드를 가져간다. ④ 2장의 별을 더해서 7이 나오지 않으면 그 자리에 다시 엎어 놓는다. ⑤ 모든 카드를 뒤집어서 7을 만든 후 더 많은 카드를 가져간 유아가 이긴다. ⑥ 여러 번의 게임 후 큰 별 카드가 많은 유아가 이긴다. 

<table>
<tr><th colspan="2">눈사람다트</th></tr>
<tr><td>대상연령</td><td>만 5세</td></tr>
<tr><td>활동목표</td><td>1부터 10까지 수의 간단한 연산을 안다.</td></tr>
<tr><td>누리과정</td><td>수학적 탐구하기〉 수와 연산의 기초 개념〉 간단한 연산</td></tr>
<tr><td>활동자료</td><td>우드락, 여러 가지 색 펠트지, 탁구공, 찍찍이</td></tr>
<tr><td>제작방법</td><td>① 우드락을 눈사람 모양으로 자른다.
② 자른 눈사람 모양 우드락 위에 펠트지를 알맞게 붙인다.
③ 눈사람 얼굴에 눈알을 달아 준다.
④ 탁구공에 찍찍이를 두 줄로 잘라 십자 모양으로 붙여 준다.</td></tr>
<tr><td>활동방법</td><td>① 눈사람 다트판 게임에 대해 설명한다.
② 한 줄로 서서 공을 던져 맞춰 본다.
③ 맞힌 지점(파란색 1점, 노란색 2점, 빨간색 3점)에 따라 순으로 점수를 합한다.
④ 제일 점수가 높은 사람이 이긴다.
</td></tr>
</table>

달팽이다트	
대상연령	만 5세
활동목표	1부터 10까지 수의 간단한 연산을 안다.
누리과정	수학적 탐구하기〉 수와 연산의 기초 개념〉 간단한 연산
활동자료	하드보드지, 펠트지, 찍찍이, 탁구공
제작방법	① 하드보드지를 달팽이 모양으로 자른다. ② 자른 달팽이 모양 하드보드지 위에 펠트지를 알맞게 붙인다. ③ 달팽이 얼굴을 꾸민다. ④ 탁구공에 찍찍이를 두 줄로 잘라 십자 모양으로 붙여 준다.
활동방법	① 달팽이 다트판 게임에 대해 설명한다. ② 한 줄로 서서 공을 던져 맞춰 본다. ③ 맞힌 지점(파란색 1점, 노란색 2점, 빨간색 3점)에 따라 점수를 합한다. ④ 제일 점수가 높은 사람이 이긴다. 

2 공간과 도형 교육활동

- 만 3~5세 유아를 위한 수학적 탐구하기 영역의 공간과 도형의 기초 개념교육활동(도형 부분과 전체, 위치와 방향, 도형 인식, 모양 구성)들을 제시하였다.

- 각 수학활동을 전개할 때 필요한 교재교구를 교사가 준비할 수 있도록 교재교구 제작방법을 제시하였다.

2-1 위치와 방향 교육활동

<table>
<tr><th colspan="2">세 조각 자동차 맞추기</th></tr>
<tr><td>대상연령</td><td>만 3세</td></tr>
<tr><td>활동목표</td><td>구체물에서 부분과 전체를 안다.</td></tr>
<tr><td>누리과정</td><td>수학적 탐구하기〉 공간과 도형의 기초 개념〉 도형 부분과 전체</td></tr>
<tr><td>활동자료</td><td>하드보드지, 색상지</td></tr>
<tr><td>제작방법</td><td>① 여러 가지 자동차 그림을 같은 크기로 5장 준비한다.
② 하드보드지를 직사각형으로 7개 자른다.
③ 5개의 그림을 직사각형 카드에 붙이고 가로로 세 부분으로 나누어 자른다.
④ 앞뒤 표지는 1장으로 연결되고, 안의 그림은 3등분 되게 만든다. 세 부분으로 나누어진 5개의 그림조각을 모아서 3등분하지 않은 직사각형을 앞표지와 뒷표지로 하여 링으로 책을 만든다.</td></tr>
<tr><td>활동방법</td><td>① 3등분된 그림카드를 한 장씩 넘겨서 자동차의 모습을 맞춘다.
② 첫 번째 자동차를 맞추면, 어떤 자동차인지 이야기한다.
③ 차례대로 다섯 종류 자동차를 3조각을 넘겨가며 맞춘다.

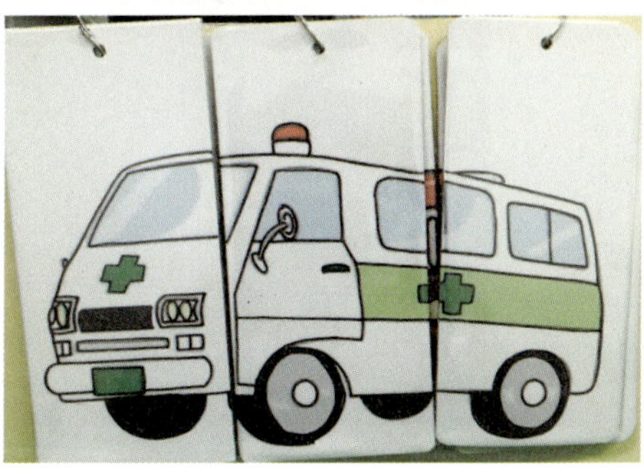</td></tr>
</table>

나는 누구일까요

대상연령	만 3세
활동목표	그림에서 부분과 전체를 안다.
누리과정	수학적 탐구하기〉 공간과 도형의 기초 개념〉 도형 부분과 전체
활동자료	하드보드지, 헝겊고무줄, 와이핀, 시트지
제작방법	① 하드보드지를 시트지로 싸서 양편에 찍찍이를 4개씩 붙인다. ② 양편에서 헝겊 고무줄을 연결할 수 있도록 와이핀으로 고리를 4개씩 만든다. ③ 얍쪽 고리에 헝겊 고무줄을 빠지지 않게 달아서 기본판을 완성한다. ④ 동물 전체 모습 그림 4개를 준비하여 코팅한다. ⑤ 전체 모습의 일부모습을 확대한 부분 모습 그림 4개를 준비하여 코팅한다. ⑥ 전체 모습 카드와 부분 모습 카드 뒤편에 찍찍이를 붙인다.
활동방법	① 유아들이 부분 모습 카드를 탐색한다. ② 부분 모습과 같은 전체 모습 카드를 찾아서 헝겊 고무줄로 연결한다. ③ 부분 모습 카드, 전체 모습 카드를 떼어서 위치를 변경한다. ④ 다시 부분 모습과 같은 전체 모습 카드를 찾아서 헝겊 고무줄로 연결한다. 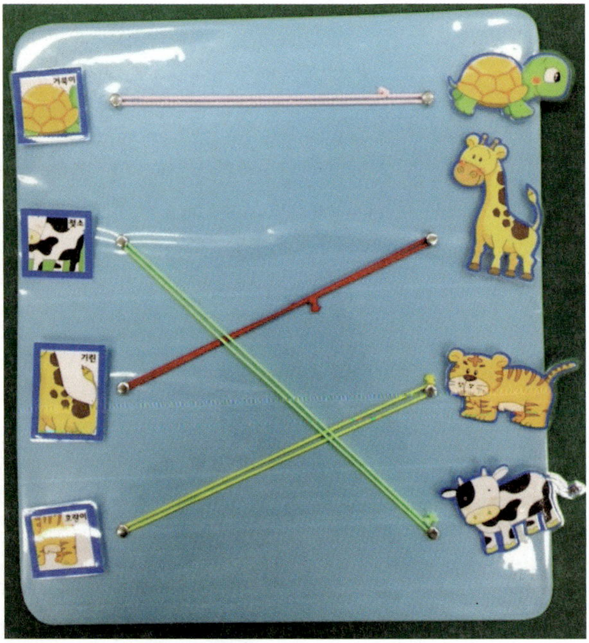

동물 OHP 필름 부분과 전체	
대상연령	만 4세
활동목표	구체물에서 부분과 전체를 안다.
누리과정	수학적 탐구하기〉 공간과 도형의 기초 개념〉 도형 부분과 전체
활동자료	OHP 필름, 유성매직, 전기테이프
제작방법	① 투명 OHP 필름을 한 동물당 5장씩 준비한다. ② 각 동물의 전체 모습을 그리고, 신체 부위를 다섯 부분으로 나누어서 투명 OHP 필름에 각 부위를 유성매직으로 그린다. ③ 5장이 겹쳐졌을 때 전체 모습이 완성되도록 각 위치를 주의하여 그린다. ④ 부분 모습 투명 OHP 필름들의 가장자리를 전기테이프로 감싼다. ⑤ 각 동물마다 5장씩 동물 투명 OHP 필름세트를 준비한다.
활동방법	① 유아들에게 각 신체부위가 그려진 OHP 필름 5장을 제시하고 무슨 모양이 될지 추측해 보게 한다. ② 각 동물의 신체 부위를 OHP 필름 그림을 한 장씩 겹쳐서 전체 동 물모양을 완성한다. 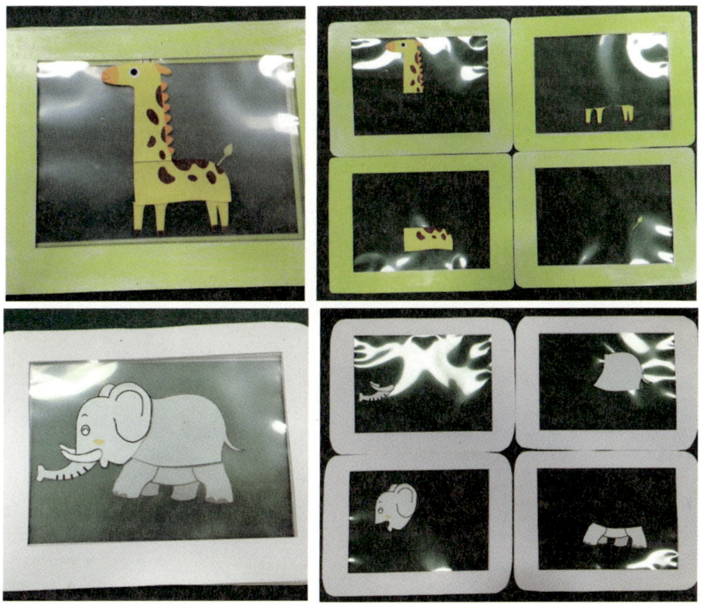

식물 탑 쌓기	
대상연령	만 4세
활동목표	구체물에서 부분과 전체를 안다.
누리과정	수학적 탐구하기〉 공간과 도형의 기초 개념〉 도형 부분과 전체
활동자료	하드보드지, 우드락, 목공용 접착제, 경첩, 색지, 한지
제작방법	① 하드보드지와 우드락을 이용하여 한 면이 열려 있는 상자를 만든다. 상자는 점차 가로 세로 5cm씩 줄여 가면서 4개를 만든다. ② 하드보드지와 우드락을 샌드위치 형식으로 붙인다. ③ 한지를 이용하여 하드보드지 상자를 감싸 준다. ④ 열린 곳과 바닥면을 제외한 면에 색지를 이용하여 숫자, 동물 조각 그림을 붙인다. ⑤ 목공용 풀로 칠한다. ⑥ 말린 후 뚜껑으로 쓰이는 면을 상자에 연결한다. 열리고 닫을 수 있게 연결하면 상자들을 겹치게 안에 넣을 수 있다.
활동방법	① 상자의 4면에 있는 어떤 식물그림이 있는지에 대해 이야기한다. ② 4개의 상자로 각자 맞추고 싶은 동물, 식물을 생각해 본다. ③ 상자로 식물 탑을 쌓아서 식물 그림을 연결한다.  

자동차를 차고로 보내요

대상연령	만 4세
활동목표	물건의 위치와 움직이는 방향을 안다.
누리과정	수학적 탐구하기〉 공간과 도형의 기초 개념〉 위치와 방향
활동자료	하드보드지, 모루, 접착제, 장난감 자동차
제작방법	① 하드보드지를 이용하여 미로 기본판을 만든다. ② 미로는 모루를 이용하여 복잡하게 만든다. 움직이는 장애물을 2개 만든다. ③ 도착하는 곳에 자동차가 주차할 수 있게 주차장을 만든다. 주차장 윗면에 자동차 번호를 붙인다. ④ 미니 장난감 자동차 5개의 지붕에 1~5까지 자동차번호 숫자를 붙인다.
활동방법	① 미로판을 펼쳐 놓은 후, 장난감 자동차가 자기 자동차번호가 있는 차고를 갈 수 있는 방법을 알아 본다. 실제 자동차를 가지고 이길 저길을 탐색한다. ② 미로를 벗어나면, 숫자가 쓰인 자동차를 자동차 번호가 있는 차고에 맞게 넣어 본다. ③ 미로 찾기가 익숙해지면, 선생님이 2개의 장애물을 이리저리 옮겨서 미로길에 변화를 준다. 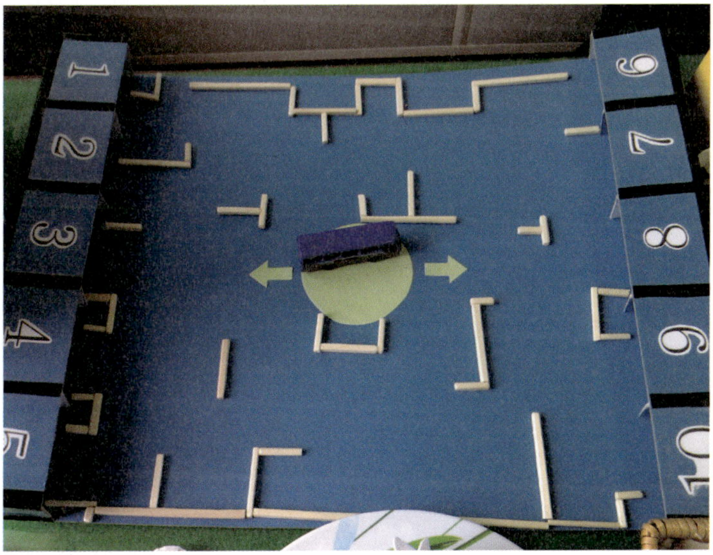

자동차와 사다리 게임

자동차와 사다리 게임	
대상연령	만 4세
활동목표	눈과 손이 협응력을 기른다.
누리과정	수학적 탐구하기〉 공간과 도형의 기초 개념〉 위치와 방향
활동자료	색 하드보드지, 자석, 색 시트지
제작방법	① 색 하드보드지에 색상지로 사다리길 4개를 만든다. ② 사다리길을 투명시트지로 싼 후, 4개의 길 위에 찍찍이를 붙인다. ③ 교통기관 그림 카드를 만들어서 뒷면에 자석을 붙인다. ④ 긴 자를 시트지로 붙여서 자석막대를 만든다.
활동방법	① 사다리길 출발선에 각 교통기관 카드를 놓는다. 사다리길 위에는 숫자카드를 찍찍이로 붙인다. ② 자석막대를 사다리길판 아래에 넣고 교통기관 카드를 사다리길에 따라 움직여서 도착지점까지 간다. ③ 유아들이 익숙해지면, 길 위에 숫자카드를 뒤집어서 붙이고 도착한 후에는 숫자를 확인하여 맞는지 확인한다. 

2-2 도형인식 교육활동

꽃 모양 맞추기	
대상연령	만 3세
활동목표	여러 가지 도형을 안다.
누리과정	수학적 탐구하기〉 공간과 도형의 기초 개념〉 도형인식
활동자료	펠트지, 하드보드지, 글루건
제작방법	① 하드보드지판 위에 검정 펠트지를 글루건으로 붙인다. ② 펠트지를 꽃 모양 별로 세 장씩 오린다. ③ 세 장씩 오린 펠트지의 두 장을 안에 솜을 넣고 바느질한다. ④ 펠트지를 씌운 하드보드지 판위에 한 장의 꽃 모양 펠트지를 붙이고, 그 위에 찍찍이를 붙여 맞추기를 완성한다.
활동방법	① 유아가 기본판의 꽃 모양과 꽃 모양 조각을 탐색한다. ② 기본판의 꽃 모양에 맞춰 꽃 모양 조각을 가져다 붙인다. 

네모 세모 동그라미 모양 맞추기	
대상연령	만 3세
활동목표	여러 가지 도형을 안다.
누리과정	수학적 탐구하기〉 공간과 도형의 기초 개념〉 도형인식
활동자료	하드보드지, 색종이, 시트지, 찍찍이, 펠트지, 솜
제작방법	① 하드보드지에 제목과 모양을 색종이로 자르고 붙이고 시트지로 씌워 판을 만든다. ② 도형의 옆에 찍찍이를 길게 붙인다. ③ 펠트지로 만든 모양카드에 여러 가지 도형이 들어 있는 그림을 만든다. ④ 모양카드의 뒷면에 찍찍이를 붙인다.
활동방법	① 각 그림카드 안에 있는 도형을 선생님과 유아가 이야기하며 찾아 본다. ② 4가지 도형에 맞추어 모양카드를 붙인다. 

모양상자에 모양조각 넣기	
대상연령	만 3세
활동목표	여러 가지 도형을 안다.
누리과정	수학적 탐구하기〉 공간과 도형의 기초 개념〉 도형인식
활동자료	펠트지, 스티로몸, 하드보드지 , 글루건
제작방법	① 하드보드지로 상자면 6면을 오린다. ② 뚜껑면 1면에 동그라미 세모, 하트, 오각형을 파낸다. ③ 상자의 5면을 글루건으로 연결하고, 열고 닫을 수 있게 뚜껑면을 연결한다. ④ 상자를 하얀색 펠트지로 감싼다. 이때 상자 안쪽도 펠트지를 붙여 준다. ⑤ 입체 모양 카드는 스티로폼을 동그라미, 세모, 하트, 오각형으로 자른 뒤 펠트지로 감싼다.
활동방법	① 어떤 모양이 있는지 입체 모양 카드를 하나씩 탐색한다. ② 입체 모양 카드를 뚜껑면의 뚫린 모양에 맞추어서, 모양상자 안에 넣는다.  

<table>
<tr><th colspan="2">모양책</th></tr>
<tr><td>대상연령</td><td>만 3세</td></tr>
<tr><td>활동목표</td><td>여러 가지 도형을 안다.</td></tr>
<tr><td>누리과정</td><td>수학적 탐구하기〉 공간과 도형의 기초 개념〉 도형인식</td></tr>
<tr><td>활동자료</td><td>여러 가지색의 펠트지, 하드보드지</td></tr>
<tr><td>제작방법</td><td>① 하드보드지를 직사각형으로 3개 자른다.
② 하드보드지 3개를 연결하고 그 위에 검은색 펠트지를 붙여서 기본판을 만든다.
③ 노란색, 초록색 펠트지에 도형의 모양을 오려서 기본판 검은색 펠트지 위에 붙인다.
④ 기본판의 도형크기에 맞게 펠트지를 이용해 여러 가지 모양카드인형을 만든다.</td></tr>
<tr><td>활동방법</td><td>① 여러 가지 모양에 대해 이야기한다.
② 모양책의 바탕에 있는 도형 모양을 탐색한다.
③ 같은 도형 모양에 맞게 여러 가지 모양 카드 인형을 붙인다.
④ 보관할 때 기본판을 3등분으로 접어서 보관한다.

</td></tr>
</table>

물고기 모양 맞추기

대상연령	만 3세
활동목표	여러 가지 도형을 안다.
누리과정	수학적 탐구하기〉 공간과 도형의 기초 개념〉 도형인식
활동자료	펠트지, 글루건, 찍찍이, 인형눈
제작방법	① 펠트지에 물고기 도안 두 장을 따라 그린 후 가위로 오린다. ② 각 다른 색의 펠트지에 네모, 세모, 동그라미, 하트, 달 모양의 도안을 세 장씩 따라 그린 후 가위로 오린다. ③ 물고기 모양으로 자른 펠트지 한쪽 면에 도형 모양으로 자른 펠트지를 바느질로 붙인다. ④ 물고기 앞면 뒷면 2장을 솜을 넣고 바느질하고 물고기 얼굴에 인형 눈을 붙인다. ⑤ 도형카드를 솜을 넣고 바느질한다.
활동방법	① 물고기를 보여 주고, 물고기 몸통의 도형을 탐구한다. ② 물고기몸통에서 도형카드와 같은 색, 같은 모양의 도형을 찾아 붙인다.  

여러 가지 모양을 맞춰요	
대상연령	만 4세
활동목표	여러 가지 도형을 안다.
누리과정	수학적 탐구하기〉 공간과 도형의 기초 개념〉 도형인식
활동자료	다양한 색 펠트지, 찍찍이, 찍찍이, 솜
제작방법	① 펠트지 책 안쪽과 겉쪽이 될 펠트지를 자른다(60cm×28.5cm). ② 책 안쪽이 될 펠트지에 다양한 모양을 검은색 실로 바느질한다. ③ 다양한 모양에 맞는 그림을 생각하고 그림에 맞게 펠트지를 잘라 붙인다. ④ 각각 그림의 경계선을 바느질한다. ⑤ 모양에 맞는 펠트지를 자르고 솜을 넣어 바느질한다. ⑥ 모양 펠트지에는 찍찍이를 책 안쪽 실로 모양 표시한 부분에는 찍찍이를 붙인다. ⑦ 책 안쪽과 책 바깥쪽 펠트지에 솜을 넣어 바느질한다.
활동방법	① 색과 색 이름을 알고 연결해 본다. ② 모양의 이름을 알고 모양을 연결한다. ③ 그림 속에 숨은 모양을 찾아 본다. ④ 자신이 원하는 색과 모양을 붙인다. ⑤ 모양을 붙여 완성한 그림이 무엇인지 알아보고 주변에서 모양을 찾아 본다. 

테트리스 조각 맞추기

대상연령	만 5세
활동목표	여러 가지 도형을 안다.
누리과정	수학적 탐구하기〉 공간과 도형의 기초 개념〉 도형인식
활동자료	하드보드지, 우레탄
제작방법	① 하드보드지로 테트리스가 들어갈 상자틀 2개를 만든다. ② 기본도형은 우레탄을 색깔별로 준비하여 일정한 기준 크기(정네모)로 자를 대고 자른다. ③ 2칸 조각, 3칸 조각, 4칸 조각 등 여러 가지 다른 모양의 조각을 충분히 준비한다.
활동방법	① 2명의 유아가 테트리스판을 가진다. ② 조각을 모아서 가지고 빈 공간이 생기지 않도록 차곡차곡 쌓는다. ③ 빈 공간없이 상자 안에 테트리스를 먼저 쌓는 유아가 이기는 활동이다. 

2-3 도형으로 모양구성 교육활동

네 조각 과일과 동물 맞추기	
대상연령	만 3세
활동목표	여러 가지 도형으로 모양을 구성한다.
누리과정	수학적 탐구하기〉 공간과 도형의 기초 개념〉 모양구성
활동자료	하드보드지, 스펀지, 펠트지
제작방법	① 4마리의 동물과 2개의 과일을 선정한다. ② 그림판을 우드락과, 시트지 등을 이용하여 제작한다. ③ 동물과 과일 그림에 맞추어 펠트를 제단한다. ④ 재단한 그림의 펠트를 4면의 크기 및 위치를 맞추어서 바느질한다.
활동방법	① 유아에게 그림을 보여 준다. ② 스펀지의 부드러운 감촉이나 사각형 모양을 탐색한다. ③ 그림에 익숙해졌다면 먼저 과일그림을 맞추도록 한다. ④ 과일 그림과 동물 그림을 맞추어 본다. 

네 조각 동물 맞추기	
대상연령	만 3세
활동목표	여러 가지 도형으로 모양을 구성한다.
누리과정	수학적 탐구하기〉 공간과 도형의 기초 개념〉 모양구성
활동자료	펠트지, 하드보드지 , 글루건
제작방법	① 하드보드지를 4장 준비하고 윗면을 펠트지를 붙여서 꾸민다. ② 펠트지로 동물 모양을 오려서 하드보드지 윗면에 글루건으로 붙인다. ③ 하드보드지를 각각 4등분한다.
활동방법	① 처음에는 1가지 동물의 그림 조각을 내어 준다. ② 4등분된 동물조각을 탐색한다. ③ 유아가 4조각을 맞추어 그림을 완성한다. ④ 익숙해지면 2가지 동물 그림 조각 8개를 내어 주고 맞추게 한다. 

과일주사위 맞추기	
대상연령	만 3세
활동목표	여러 가지 도형으로 모양을 구성한다.
누리과정	수학적 탐구하기〉 공간과 도형의 기초 개념〉 모양구성
활동자료	펠트지, 솜
제작방법	① 펠트지를 정사각형으로 두 장씩 자른다. ② 과일 6개를 정하여 모양을 만든다. ③ 과일모양을 하나를 반씩 잘라 낸다. ④ 같은 색의 2개의 정사각형 펠트지 끝에 붙여 바느질한다. ⑤ 정사각형의 펠트지에 붙인 과일의 모양대로 왼쪽과 오른쪽 구분하여 다른 과일 모양들과 한 장씩 나누어 바느질하며 주사위를 만든다.
활동방법	① 주사위를 굴리거나 돌려 보며 과일의 모양을 맞추어 본다. 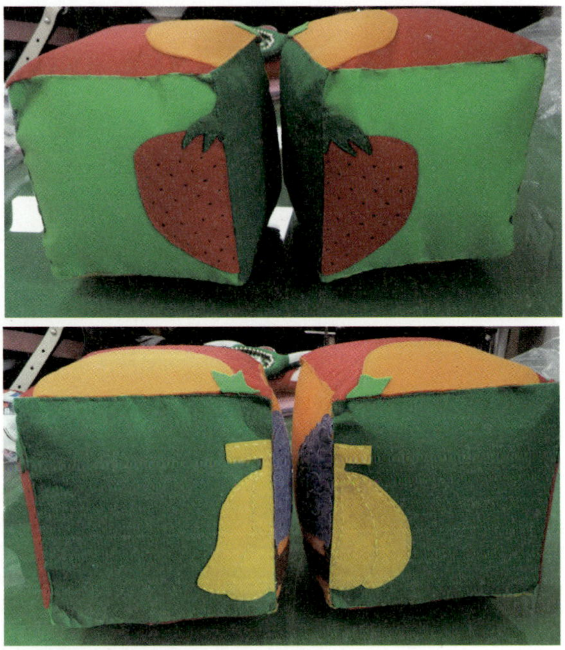

<table>
<tr><th colspan="2">여섯 조각 라바그림 맞추기</th></tr>
<tr><td>대상연령</td><td>만 3세</td></tr>
<tr><td>활동목표</td><td>여러 가지 도형으로 모양을 구성한다.</td></tr>
<tr><td>누리과정</td><td>수학적 탐구하기〉 공간과 도형의 기초 개념〉 모양구성</td></tr>
<tr><td>활동자료</td><td>하드보드지, 접착 펠트지, 끈, 테이프</td></tr>
<tr><td>제작방법</td><td>① 하드보드지를 테두리 3cm 넓이로 남기고 가운데를 칼을 이용하여 직사각형으로 뚫는다.
② 액자 모양으로 뚫은 하드보드지에 다른 하드보드지를 접착제로 붙여서 맞추기 기본판을 만든다.
③ 직사각형 조각 위에 준비한 그림을 붙인다(접착 펠트지로 잘라 붙여 놓은 그림).
④ 그림을 붙인 후 6조각으로 자르고 가장자리에 테이프로 마감을 한다.
⑤ 조각을 나눈 그림 끝에 쉽게 넣고 뺄 수 있도록 구멍을 내어 끈을 묶는다.</td></tr>
<tr><td>활동방법</td><td>① 유아들에게 사각 그림 맞추기의 전체 그림을 보여 준다. 그림이 어떤 그림인지 무엇이 그려져 있는지 살펴 보고 이야기를 나눈다.
② 맞추기 조각을 기본판에서 모두 떼어 낸다.
③ 유아들이 맞추기 조각을 1조각씩 맞추어서 전체 그림을 완성한다.
</td></tr>
</table>

여섯 조각 병아리와 토끼 그림 맞추기	
대상연령	만 3세
활동목표	여러 가지 도형으로 모양을 구성한다.
누리과정	수학적 탐구하기〉 공간과 도형의 기초 개념〉 모양구성
활동자료	하드보드지, 펠트지, 우드락, 동물사진
제작방법	① 우드락 위에 동물 사진을 붙인다. ② 우드락 밑에는 하드보드지를 붙인다. ③ 우드락을 시트지로 감싼다. ④ 알맞은 모양으로 자른다. ⑤ 하드보드지로 기본판을 만든다.
활동방법	① 어떤 그림인지 예상해 본다. ② 맞추기 조각을 맞추며 어떤 그림인지 이야기해 본다. 

같은 모양 맞추기

대상연령	만 4세
활동목표	여러 가지 도형으로 모양을 구성한다.
누리과정	수학적 탐구하기〉 공간과 도형의 기초 개념〉 모양구성
활동자료	하드보드지, 색상지
제작방법	① 하드보드지에 원,세모,네모, 타원의 도형을 오려서 옆에 붙인다. ② 도형 옆에 찍찍이를 길게 붙인다. ③ 그림카드에 여러 가지 도형이 들어 있는 그림을 그린다. ④ 그림카드 뒤에 찍찍이를 붙인다.
활동방법	① 각 그림카드 안에 있는 도형을 유아가 찾아 본다. ② 도형판의 4가지 도형에 맞추어서 그림카드를 붙인다. 

커다란 상자 그림 맞추기	
대상연령	만 3세
활동목표	• 상자의 크기 차이를 안다. • 상자를 이어서 그림을 맞출 수 있다.
누리과정	수학적 탐구하기〉 공간과 도형의 기초 개념〉 모양구성
활동자료	하드보드지, 글루건, 포스터물감, 테이프, 칼, 색상지, 투명 아스테이지
제작방법	① 하드보드지를 이용하여 크기가 다른 4개의 상자를 만든다. (20×18, 16×14, 12×10, 8×6) ② 밑그림을 그린다. ③ 포스터물감으로 밑그림을 따라 색칠한다. ④ 투명 아스테이지를 붙이고 테두리에 테이프를 붙여서 단단하게 만든다.
활동방법	① 유아들이 여러크기의 상자를 가지고 놀아 본다. ② 상자를 크기별로 쌓아 올려 본다. ③ 상자를 쌓아서 그림이 이어지도록 올려 본다. 

동물 주사위 맞추기	
대상연령	만 4세
활동목표	여러 가지 도형으로 모양을 구성한다.
누리과정	수학적 탐구하기〉 공간과 도형의 기초 개념〉 모양구성
활동자료	펠트지, 스펀지
제작방법	① 바탕지를 가로 세로 14cm 크기로 재단한다. ② 바탕지에 동물 얼굴, 귀, 눈, 코를 각각 위치에 맞게 배열한다. ③ 동물 얼굴, 귀, 눈, 코 순으로 감침질로 바느질한다. ④ 한 조각씩을 모아 정육면체가 되도록 각 면을 바느질한다. ⑤ 3면이 남았을 때 스펀지를 넣고 바느질한다.
활동방법	① 부분 그림 상자를 움직여서 동물 모습을 맞춘다. 

명화 그림 맞추기	
대상연령	만 4세
활동목표	여러 가지 도형으로 모양을 구성한다.
누리과정	수학적 탐구하기〉 공간과 도형의 기초 개념〉 모양구성
활동자료	명화그림, 우드락, 할핀, 컷터칼
제작방법	① 똑같은 그림을 4장씩 뽑는다. ② 한 장은 그대로 놔두고 나머지 3장은 점점 작게 원으로 자르고 가운데에 구멍을 낸다. ③ 자른 그림을 코팅한 뒤 원으로 자른다. ④ 우드락을 그림에 맞추고 가운데에 구멍을 뚫는다. ⑤ 코팅한 그림과 우드락을 글루건을 사용하여 크기에 맞게 찾아 붙인다. ⑥ 크기대로 쌓은 다음, 가운데를 와이핀으로 고정시킨다. 이때 조각 원판이 돌아가게 하기 위해서 코팅한 그림 가운데를 커터칼로 작고 동그랗게 오려 낸다.
활동방법	① 크고 작은 동그라미판을 돌려가면서 명화 그림을 맞춘다.  

우리나라 지도 맞추기	
대상연령	만 5세
활동목표	여러 가지 도형으로 모양을 구성한다.
누리과정	수학적 탐구하기〉 공간과 도형의 기초 개념〉 모양구성
활동자료	하드보드지, 찍찍이, 색깔별 고무펠트지, 시트지
제작방법	① 우리나라 지도를 두 장 뽑고 한 장은 하드보드지 위에 놓고 지도 모양을 따라 그린다. ② 한 장은 지도 모양대로 잘라서 고무펠트지 위에 대고 그린다. ③ 지도를 색칠한다. ④ 지도 모양을 낸 고무펠트지에 찍찍이를 붙인다. ⑤ 프린트로 뽑은 각 지역의 이름을 지도 모양 위에 붙이고 시트지로 씌운다. ⑥ 모양대로 맞추어 본다.
활동방법	① 지도의 그림을 보고 어떤 지역이 어디에 있는지 알아 본다. ② 고무펠트지를 모양에 맞게 붙이며 놀이한다. 

<table>
<tr><th colspan="2">태극기 만들기</th></tr>
<tr><td>대상연령</td><td>만 3세</td></tr>
<tr><td>활동목표</td><td>여러 가지 도형으로 모양을 구성한다.</td></tr>
<tr><td>누리과정</td><td>수학적 탐구하기〉 공간과 도형의 기초 개념〉 모양구성</td></tr>
<tr><td>활동자료</td><td>하드보드지, 펠트지, 태극기 그림 자료, 찍찍이</td></tr>
<tr><td>제작방법</td><td>① 하얀색 펠트지를 직사각형으로 오려서 태극기의 모양이 드러나도록 검은 실로 스티치하면 태극기 밑면을 완성한다.
② 태극기 밑면을 하드보드지에 붙인다.
③ 색펠트지를 태극기 안의 모양대로 오린다..
④ 태극기 모양 조각을 위해 오린 모양 펠트지에 솜을 넣어서 바느질하여 모양 조각을 만든다.
⑤ 모양조각 뒷면에 찍찍이를 붙인다.</td></tr>
<tr><td>활동방법</td><td>① 태극기 실제 사진을 보고 태극기 모양대로 모양조각을 맞춘다.
</td></tr>
</table>

3 측정 교육활동

- 만 3~5세 유아를 위한 수학적 탐구하기 영역의 기초적인 측정 교육활동(임의단위 길이 측정, 임의단위 거리 측정, 임의단위 무게 측정, 임의단위 높이 측정, 표준단위 높이 측정, 표준단위 시간 측정)들을 제시하였다.

- 각 수학활동을 전개할 때 필요한 교재교구를 교사가 준비할 수 있도록 교재교구 제작방법을 제시하였다.

3-1 길이측정 교육활동

내 몸을 사용하여 길이 재어보기	
대상연령	만 5세
활동목표	임의의 단위를 사용하여 사물의 길이를 잰다.
누리과정	수학적 탐구하기〉 기초적인 측정〉 임의단위길이측정
활동자료	기록 용지(16절 크기), 필기 도구
제작방법	① 기록용지를 만들어서 손뼘, 발걸음, 팔길이, 발길이 그림을 그린다.
활동방법	① 우리 몸으로 교실에 있는 물건들의 길이를 재어 보기로 하고 방법을 생각해 본다(손뼘, 발걸음, 팔길이, 발길이 등). ② 생각한 방법으로 책상, 의자 등 가까이 있는 물건의 길이를 재어 본다. ③ 기록용지를 보여 주며 무슨 그림인지, 어떤 방법으로 재어 보는 것을 나타내는지 살펴 보고 용지에 표시된 방법으로 길이를 재어 본다. ④ 측정 결과를 용지에 기록해 본다. ⑤ 기록용지에 표시된 방법 이외에도 어떤 방법이 있을지 생각해 본 후 재어 본다. ⑥ 기록용지의 결과를 보며 물건들의 길이를 비교해 본다. 이때 서로 비교하기 위해서는 똑같은 측정방법을 사용해야 함을 설명해 준다. 

길이를 재어보세요		어떤 방법으로 재어 볼까요?				
		손 한뼘	발 길이	팔 길이	다리 길이	한 발걸음
재어 볼 물건	책상					
	의자					
	피아노					
	카펫					

<table>
<tr><th colspan="2">코가 길어졌어요</th></tr>
<tr><td>대상연령</td><td>만 5세</td></tr>
<tr><td>활동목표</td><td>임의의 단위를 사용하여 사물의 길이를 잰다.</td></tr>
<tr><td>누리과정</td><td>수학적 탐구하기〉 기초적인 측정〉 임의단위길이측정</td></tr>
<tr><td>활동자료</td><td>하드보드지, 펠트지, 솜, 글루건</td></tr>
<tr><td>제작방법</td><td>① 하드보드지로 삼각대를 만든다.
② 부직포로 빨강·파랑 옷의 피노키오을 만들며, 따로 부직포로 네모난 코를 만든다.
③ 색지을 이용하여 숫자를 만든 뒤에 융판에 띠를 붙인다.
④ 하드보드지와 색상지, 스캔 받은 동화를 이용하여 게임판을 만든다.
⑤ 하드보드지와 색지로 주사위를 만든다.</td></tr>
<tr><td>활동방법</td><td>① 두 명의 유아가 피노키오 색을 정한다.
② 주사위를 굴려 나온 지시대로 따라한다.
③ 게임판의 행동이 나쁜 행동이면 코가 자라나고 좋은 행동이면 코가 짧아진다.
④ 마지막에 코가 짧은 유아가 승리한다.

</td></tr>
</table>

3-2 거리측정 교육활동

어느 곳이 더 멀까요	
대상연령	만 5세
활동목표	임의의 단위를 사용하여 두 지점의 거리를 잰다.
누리과정	수학적 탐구하기〉 기초적인 측정〉 임의단위거리측정
활동자료	그림판, 플라스틱 숟가락, 클립
제작방법	① 다양한 사물이 있는 풍경화 그림을 준비한다. ② 기록판를 만들어서 클립, 숟가락, 동물인형 등 단위 그림 표시를 한다.
활동방법	① 풍경화를 보며, 어떤 그림인지 이야기를 꾸며 본다. ② 기록판를 보여 주며 무슨 그림인지, 어떤 방법으로 길이를 재어 보는 것을 나타내는지 살펴 본다. ③ 기록판에 표시된 방법으로 두 지점 사이의 거리를 잰다. 같은 거리를 여러 가지 물건으로 재어 본다. ④ 측정 결과를 기록판에 기록해 본다. ⑤ 서로 다른 두 지점 간의 거리를 같은 물건으로 재어 본다. 어느 곳이 더 멀까를 알아 본다. ⑥ 이때 서로 비교하기 위해서는 똑같은 측정단위를 사용해야 함을 설명해 준다.  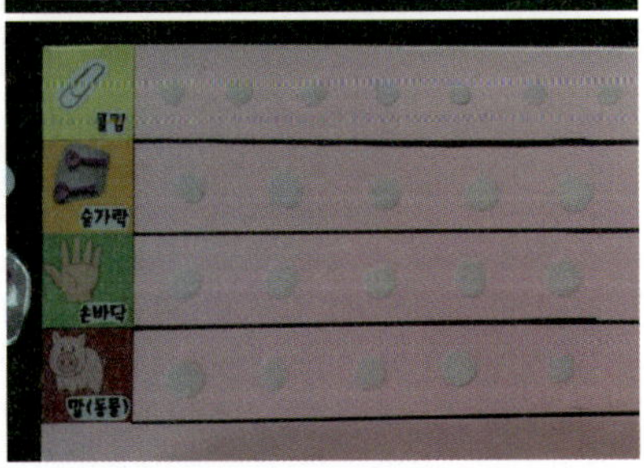

3-3 무게측정 교육활동

어느 것이 더 무거울까요	
대상연령	만 5세
활동목표	임의 단위를 사용하여 무게를 잰다.
누리과정	수학적 탐구하기〉 기초적인 측정〉 임의단위 무게측정
활동자료	하드보드지, 글루건, 색상지, 물건을 넣을 플라스틱 작은 접시
제작방법	① 하드보드지에 2개에다 원을 그린 후 원을 반달 모양으로 자른다. 하드보드지로 반달 모양 그릇을 만든다. ② 반달 모양의 하드보드지 안쪽으로 가운데에 무게중심을 잡을 수 있는 무거운 물건을 접착제와 테이프로 고정시킨다. ③ 균형이 맞으면 위 판을 대어 붙여서 반달저울을 완성한다.
활동방법	① 반달저울의 양끝에 플라스틱 작은 접시를 놓고, 그 앞에 물건을 놓는다. 어느 쪽이 기울어지는지 살펴보고 기울어지는 쪽이 무겁다고 알려 준다. ② 유아들이 놓여 있는 물건 중 두 개의 물건을 고른다. ③ 두 개의 물건 중에 어느 것이 무거운지 직접 양손에 들어서 무게의 차이를 느껴 본다. ④ 두 개의 물건을 저울 양쪽접시에 올려 놓는다. ⑤ 어느 쪽으로 기울어지는지 관찰한다. 

3-4 높이측정 교육활동

깡총깡총 점프	
대상연령	만 5세
활동목표	임의의 단위를 사용하여 높이를 잰다.
누리과정	수학적 탐구하기〉 기초적인 측정〉 임의단위높이측정
활동자료	하드보드지, 펠트지
제작방법	① 하드보드지에 펠트지를 붙여서 높이뛰기판을 만든다. ② 높이뛰기판에 5cm 간격으로 숫자를 붙인다. ③ 펠트지를 이용해서 여러 가지 동물 모양을 만든다. ④ 만든 모양을 높이뛰기판에 붙인다.
활동방법	① 우리반 유아의 키를 고려하여 뛰어서 동물 모양을 손으로 터치할 수 있는 높이로 깡총판을 벽면에 붙인다. ② 깡총판의 그림을 관찰하고 자신이 터치하고 싶은 동물을 정한다. ③ 깡총 뛰어서 정한 동물을 손으로 터치한다. ④ 누가 더 높은 곳의 동물을 터치하는 지 친구들과 비교해 본다. ⑤ 깡총뛰기를 하지 않을 때는 벽면에 붙여서 유아들의 키를 재어 본다. 

원숭이 키재기	
대상연령	만 5세
활동목표	표준단위를 사용하여 높이를 잰다.
누리과정	수학적 탐구하기〉 기초적인 측정〉 표준단위높이측정
활동자료	펠트지, 솜
제작방법	① 초록색 펠트지 2장은 길게, 2장은 짧게 총 100cm 이상의 길이로 잘라서 펠트지에 5단위와 10단위씩 수성 사인펜으로 표시한다. ② 5단위로 표시한 곳은 빨간색 실로 짧은 길이로 바느질하고, 10단위로 표시한 곳은 흰색 실로 길게 바느질한다. ③ 보라색 펠트지로 10단위씩 자른 숫자들을 초록색 펠트지에 대고 바느질한다. ④ 짧은 길이의 초록색 펠트지에 단추 2개를 달아 주고 펠트지 2장을 겹쳐서 바느질한다. ⑤ 긴 길이의 초록색 펠트지의 맨 위에는 단추가 들어갈 수 있게끔 구멍을 내고 펠트지 2장을 겹쳐 바느질한다.
활동방법	① 벽에 걸려 있는 원숭이 키재기에 등을 붙이고 자신의 키를 직접 재 본다. ② 친구들의 키와 자기의 키를 비교한다. ③ 자신의 키를 표시해 놓았다가 1달에 한번씩 다시 키를 재어서 키가 컸는지를 확인한다. 

3-5 시간측정 교육활동

	모양시계
대상연령	만 4세
활동목표	표준단위를 사용하여 시간을 잰다.
누리과정	수학적 탐구하기〉 기초적인 측정〉 표준단위시간측정
활동자료	스티로폼, 색상 펠트지, 찍찍이, 글루건
제작방법	① 스티로폼을 시계 모양으로 자른다. ② 펠트지로 여러 모양을 다양한 색상으로 자른다. 숫자를 잘라서 모양 펠트지에 붙인다. ③ 모양 펠트지 2장을 솜을 넣어서 바느질한다. ④ 스티로폼에 펠트지로 감싸 글루건으로 붙인다. ⑤ 시계의 큰 바늘과 작은 바늘을 만들어서 가운데에 붙인다. 이때 큰 바늘과 작은 바늘이 움직일 수 있도록 실에 여유를 두고 바느질한다.
활동방법	① 시계를 탐색해 본다. ② 유아가 시계의 숫자를 파악해 숫자자리에 붙인다. ③ 유아가 바르게 붙였는지 선생님이 확인한다. ④ 시침과 분침을 돌려보며 시간은 조작해 본다. 선생님이 시범을 보이고 유아들이 따라한다.  

동그라미 시계놀이	
대상연령	만 5세
활동목표	표준단위를 사용하여 시간를 잰다.
누리과정	수학적 탐구하기〉 기초적인 측정〉 표준단위시간측정
활동자료	하드보드지 , 색상지, 펠트지, 와이핀
제작방법	① 하드보드지를 원형으로 자른 뒤 펠트지를 붙여서 시계판을 준비한다. ② 시계 안의 숫자는 숫자카드로 준비한다. ③ 시계의 큰 바늘과 작은 바늘을 와이핀을 사용하여 가운데 고정시킨다.
활동방법	① 유아들은 시계 안의 숫자를 세어 본다. ② 작은 바늘과 큰 바늘을 이용해 시간을 찾아 본다. ③ 내가 좋아하는 간식시간, 내가 기다리는 TV프로그램시간 등 자신과 관계된 시간을 찾아 본다. 

몇 시에 세수하나요	
대상연령	만 5세
활동목표	표준단위를 사용하여 시간을 잰다.
누리과정	수학적 탐구하기〉 기초적인 측정〉 표준단위시간측정
활동자료	하드보드지 , 색상지, 펠트지, 솜, 와이핀, 글루건
제작방법	① 색상지로 동그라미 시계판을 준비한다. ② 시계의 큰 바늘과 작은 바늘을 와이핀을 사용하여 가운데 고정시킨다. ③ 이 닦는 표시 인형, 세수하는 표시 인형, 손씻는 표시 인형을 준비하고, 큰 하드보드지에 준비한 시계판과 인형들을 붙인다.
활동방법	① 유아들은 시간카드를 시계에 있는 모양에 맞게 찾아 붙인다. ② 작은 바늘과 큰 바늘을 이용해 시간을 찾아 본다. ③ 세수하는 시간을 맞추고 시간을 읽는다. ④ 양치질하는 시간을 맞추고 시간을 읽는다. ⑤ 손씻는 시간을 맞추고 시간을 읽는다. 

강아지시계놀이	
대상연령	만 5세
활동목표	표준단위를 사용하여 시간을 잰다.
누리과정	수학적 탐구하기〉 기초적인 측정〉 표준단위시간측정
활동자료	하드보드지 , 색상지, 펠트지, 와이핀
제작방법	① 강아지 시계 인형을 솜을 넣어서 만든다. ② 시계의 큰 바늘과 작은 바늘을 만들어서 가운데에 붙인다. 이때 큰 바늘과 작은 바늘이 움직일 수 있도록 실에 여유를 두어 바느질한다. ③ 시계 인형을 강아지 모습으로 꾸민다.
활동방법	① 유아들이 강아지 시계 인형을 관찰한다. ② 작은 바늘과 큰 바늘을 이용해 시간을 찾아 본다. ③ 내가 좋아하는 간식시간, 내가 기다리는 TV프로그램시간 등 자신과 관계된 시간을 찾아 본다. 

하루계획 꽃시계	
대상연령	만 5세
활동목표	표준단위를 사용하여 시간을 잰다.
누리과정	수학적 탐구하기〉 기초적인 측정〉 표준단위시간측정
활동자료	색상지, 하드보드지, 펠트지, 글루건, 펀치
제작방법	① 연한 노란색 색상지를 2개 오린다. 시간 표시판은 지름 25cm로 오리고, 분 표시판은 지름 30cm로 오린다. ② 시 표시판 안에 숫자를 1시간 단위로 1~12까지의 수를 붙여서 코팅한다. ③ 분 표시판 안에 숫자를 5분 단위로 5, 10, 15, 20, 25, 30, 35, 40, 45, 50, 55, 60까지의 수를 붙여서 코팅한다. ④ 시 표시판을 앞으로, 분 표시판을 뒤로 겹쳐서 시계판을 만들고, 시계의 큰 바늘과 작은 바늘은 할핀으로 고정시킨다. 잘 돌아가도록 시침과 분침의 구멍을 펀치로 동그랗게 뚫는다. 시침과 분침을 붙일 때 가운데를 꽃 모양으로 꾸민다. ⑤ 꽃 모양 펠트지를 붙여서 꽃시계를 완성한다. ⑥ 하루 일과 활동 카드를 만들어서 뒷면에 찍찍이를 붙인다. ⑦ 하루 일과 활동 시간을 나타내는 시계카드를 만들어서 뒷면에 찍찍이를 붙인다.
활동방법	① 유아들에게 작은 바늘은 시를 나타내고, 큰 바늘은 분을 나타내는 것에 대해 설명한다. ② 1시, 2시 시를 읽을 수 있는 유아들에게, 5분 단위의 분을 설명해 준다. ③ 유아들이 꽃시계의 작은 바늘과 큰 바늘을 돌려서 시와 분을 읽는다. ④ 유아들이 하루 일과 계획을 꽃시계의 시간과 연결하여 이해할 수 있도록 이야기한다. ⑤ 하루 일과 그림 카드와 하루일과 시간을 나타내는 시계카드와 짝지어 본다. ⑥ 꽃시계로 하루 일과 시간을 나타내어 본다. * 하루일과 간식의 활동예시 -간식먹는 시간은 몇시 몇분일까? -10시 30분이구나. 시계카드에서 맞는 시간을 찾아서 짝지어 보자. 꽃시계로 간식시긴을 보여주자. -시를 나타내는 작은 바늘은 어떻게 움직일까? -분을 나타내는 큰 바늘은 어떻게 움직일까? -꽃시계에서 간식을 먹는 시간 옆에 간식카드를 붙여 보자..

활동방법	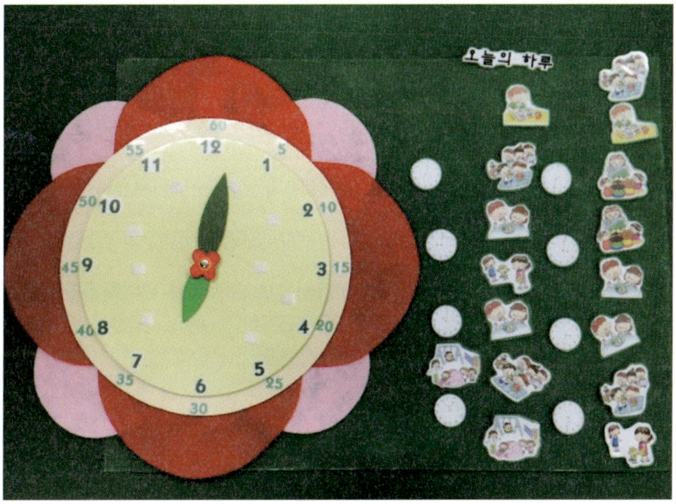

달력 만들기	
대상연령	만 5세
활동목표	표준단위를 사용하여 시간을 잰다.
누리과정	수학적 탐구하기〉 기초적인 측정〉 표준단위시간측정
활동자료	하드보드지 , 색상지, 펠트지, 와이핀
제작방법	① 달력을 만들 부직포에 윗부분은 월을 표시하는 그림으로 꾸미고, 아래 부분은 7칸 5줄 네모 칸으로 바느질한다. ② 하드보드지로 삼각 달력판을 만든다. ③ 삼각 달력판에 달력 부직포를 붙여서 삼각 달력을 만든다. ④ 네모 칸마다 찍찍이를 붙인다. ⑤ 날짜카드는 부직포에 날자를 바느질하여 표현하거나 연한 색 부직포에 짙은 색 부직포로 날짜를 오려 붙여서 만든다. ⑥ 날짜카드는 솜을 약간 넣어서 바느질하고 뒷면에 찍찍이를 붙인다.
활동방법	① 이달의 달력을 보여 주고, 우리 반만의 달력을 만들게 한다. ② 매달 1일에 유아들과 함께 그 달에 맞게 숫자 위치를 바꾼다. 

계란판 달력	
대상연령	만 5세
활동목표	① 1~30까지의 숫자를 알 수 있다 ② 1~12월까지의 달력을 자유자재로 바꿀 수 있다
누리과정	수학적 탐구하기〉 기초적인 측정〉 표준단위시간측정
활동자료	계란판, 초록색, 빨간색, 주황색 뽕뽕이, 색펠트지, 매직테이프(보들이와 까칠이), 바니시
제작방법	① 계란판을 가로세로 7칸씩 잘라서 노란색을 칠한다. ② 물감이 다 마르면 바니시를 칠한다. ③ 색펠트지를 오려 월 글자와 1부터 12까지의 숫자를 만들어 초록색 뽕뽕이 위에 붙여서 월 뽕뽕이를 만든다. 색펠트지를 오려 월화수목금토일 요일 글자를 만들어 빨간색 뽕뽕이 위에 붙여서 요일 뽕뽕이를 만든다. 색펠트지를 오려 1부터 31까지의 숫자를 만들어서 주황색 뽕뽕이 위에 붙여서 날짜 뽕뽕이를 만든다 ④ 계란판 각 칸 밑면에 보들이를 붙이고, 요일 뽕뽕이와 날짜 뽕뽕이 밑면에 까칠이를 붙인다.
활동방법	① 유아들과 달력을 살펴 보고, 계란판 위에 똑같은 달력을 만들어 보기로 한다. ② 유아들이 계란판 제일 윗칸에 월 뽕뽕이를 올려 놓는다. 그 다음 칸에 요일 뽕뽕이를 올려놓는다. 그 다음 칸에 해당월에 맞는 날짜 뽕뽕이를 올려 놓는다. ③ 다 만든 계란판 달력을 보고 오늘의 날짜와 요일을 찾아 본다. ④ 1달이 지난 후 다음달 1일에 유아들과 같이 실제 달력을 보면서 계란판 달력을 다시 완성한다. 

오늘 날짜와 날씨	
대상연령	만 5세
활동목표	표준단위를 사용하여 시간을 잰다.
누리과정	수학적 탐구하기〉 기초적인 측정〉 표준단위시간측정
활동자료	하드보드지, 색상지, 펠트지, 와이핀
제작방법	① 하늘색 하드보드지 뒤에 우드락을 붙인다. ② 기린, 잔디, 구름을 색지를 이용해서 만들어 붙인다. ③ 오늘은, 월, 일, 요일, 글씨를 프린트해서 뒤에 배지를 대고 하드보드지에 붙인다. ④ 투명 시트지를 이용해서 하드보드지 판 위에 붙인다. ⑤ 월, 일, 숫자와 요일 글자를 만들어서 코팅한다. ⑥ 날씨를 나타내는 그림(해, 눈, 비, 번개, 구름)들을 색지로 만들어서 코팅한다. ⑦ 날씨 카드, 날짜 카드, 요일 카드 뒤엔 찍찍이를 붙이고 카드들을 넣을 수 있는 상자를 만든다. ⑧ 하드보드지 판에는 찍찍이를 월, 일, 요일, 날씨 글자 옆에 붙여서 바꿔 붙일 수 있게 한다.
활동방법	① 매일 선생님과 유아들이 오늘의 날짜, 날씨, 요일에 대해 이야기 나눈다. ② 이야기나눈 후 유아들이 날짜, 날씨, 요일을 붙인다. ③ 선생님이 맞게 붙였는지 확인해 준다. 

<table>
<tr><th colspan="2">오늘 날짜와 요일</th></tr>
<tr><td>대상연령</td><td>만 5세</td></tr>
<tr><td>활동목표</td><td>표준단위를 사용하여 시간을 잰다.</td></tr>
<tr><td>누리과정</td><td>수학적 탐구하기〉 기초적인 측정〉 표준단위시간측정</td></tr>
<tr><td>활동자료</td><td>하드보드지 , 색상지, 펠트지, 와이핀</td></tr>
<tr><td>제작방법</td><td>① 하늘색 하드보드지 뒤에 우드락을 붙인다. 기린, 잔디, 구름을 만들어 붙인다.
② 오늘은, 월, 일, 요일, 글씨를 프린트해서 뒤에 배지를 대고 하드보드지에 붙인다.
③ 월, 일, 숫자와 요일 글자는 색A4 용지에 프린트해서 코팅한다.
④ 날씨를 나타내는 그림(해, 눈, 비, 번개, 구름)은 색지로 만들어서 코팅한다.
⑤ 하드보드지 판에 찍찍 이를 월, 일, 요일, 날씨 옆에 붙여서 바꿔 붙일 수 있게 한다.</td></tr>
<tr><td>활동방법</td><td>① 매일 선생님과 유아들이 오늘의 날짜, 요일에 대해 이야기 나눈다.
② 이야기나눈 후 유아들이 날짜, 요일을 붙인다.
③ 선생님이 맞게 붙였는지 확인해 준다.
</td></tr>
</table>

4 규칙성 교육활동

- 만 3~5세 유아를 위한 수학적 탐구하기 영역의 규칙성 이해 수학활동(반복규칙이해)들을 제시하였다.

- 각 수학활동을 전개할 때 필요한 교재교구를 교사가 준비할 수 있도록 교재교구 제작방법을 제시하였다.

4-1 규칙성(패턴) 이해 교육활동

물고기 패턴카드대로 놓기	
대상연령	만 3세
활동목표	반복되는 규칙을 알고 다음에 올 것을 예측한다.
누리과정	수학적 탐구하기〉 규칙성이해〉 반복규칙이해
활동자료	하드보드지, 펠트지, 솜, 색상지
제작방법	① 물속 풍경을 꾸민 기본판을 제작한다. ② 4종류의 물고기 카드를 각 6개씩 준비한다. ③ 물고기 패턴카드를 만든다(2개씩 모양이 반복되는 패턴카드 3장, 3개씩 모양이 반복되는 패턴카드 3장, 4개씩 모양이 반복되는 패턴카드 3장).
활동방법	① 물고기 패턴카드에 나오는 패턴대로 모양카드를 늘어 놓아 본다. ② 익숙해지면 유아 자신이 패턴을 만들어 본다. 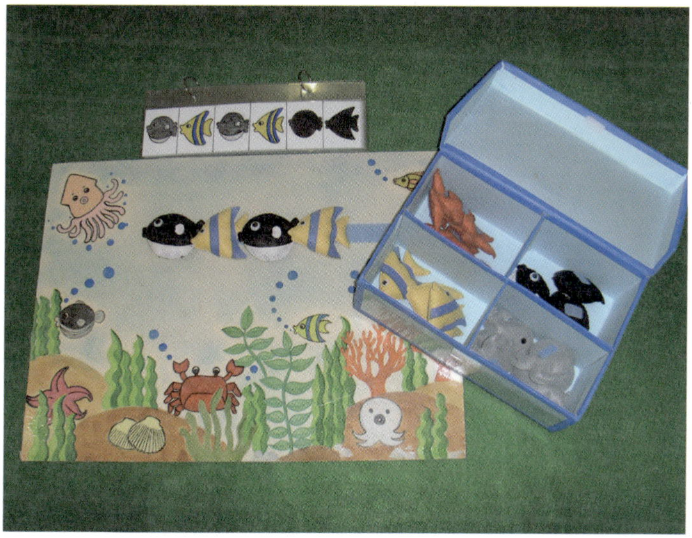

<table>
<tr><th colspan="2">뽕뽕이 패턴카드대로 놓기</th></tr>
<tr><td>대상연령</td><td>만 4세</td></tr>
<tr><td>활동목표</td><td>반복되는 규칙을 알고 다음에 올 것을 예측한다.</td></tr>
<tr><td>누리과정</td><td>수학적 탐구하기〉 규칙성이해〉 반복규칙이해</td></tr>
<tr><td>활동자료</td><td>연두색 하드보드지, 계란판, 물감, 종이상자, 색상지. 펠트지, 뽕뽕이</td></tr>
<tr><td>제작방법</td><td>① 계란판을 물감으로 칠한 뒤 잘 말려 준다.
② 종이상자를 알맞은 크기로 오린 뒤 색지를 감싼다.
③ 여러 가지 패턴카드를 만들고 패턴카드 넣어 두는 상자를 만든다.
④ 계란판과 종이상자와 패턴카드 상자도 하드보드지에 붙여 준다.
⑤ 다양한 색의 뽕뽕이를 종이상자 안에 넣어 준다.</td></tr>
<tr><td>활동방법</td><td>① 패턴카드라고 적혀 있는 곳에서 패턴카드를 한 장 꺼낸다.
② 패턴카드의 패턴을 확인한 뒤 상자에서 패턴카드에 있는 색의 뽕뽕이를 꺼내어 패턴카드와 똑같이 계란판에 끼워 넣어 완성한다.

</td></tr>
</table>

색 공 패턴카드대로 놓기	
대상연령	만 4세
활동목표	반복되는 규칙을 알고 다음에 올 것을 예측한다.
누리과정	수학적 탐구하기〉 규칙성이해〉 반복규칙이해
활동자료	계란판, 스티로폼 공, 색상지, 하드보드지
제작방법	① 계란판을 2개 준비하여, 상자에 담는다. ② 스티로폼 공을 3가지 색으로 각 10개씩 색칠하여 색공 30개를 준비한다. 색 공은 여러 색의 커다란 뽕뽕이로 변경할 수 있다. ③ 모양카드는 3가지 색 동그라미를 사용하여 다양한 모양으로 12개 준비한다.
활동방법	① 1개의 계란판에 색 공을 모아 담는다. ② 모양카드에 제시된 모양대로 색공을 이용하여 계란판에 똑같은 모양을 만든다. ③ 패턴이 있는 패턴 모양 카드를 제시한다. ④ 패턴 모양 카드의 패턴대로 반복하여 계란판에 색 공을 넣는다. 

단풍잎 패턴카드대로 놓기	
대상연령	만 5세
활동목표	반복되는 규칙을 알고 다음에 올 것을 예측한다.
누리과정	수학적 탐구하기〉 규칙성이해〉 반복규칙이해
활동자료	펠트지, 단풍잎 도안, 하드보드지, 색상지, 패턴그림, 고리, 단추
제작방법	① 가을 나뭇잎 도안을 펠트지에 옮겨 그리고 짝씩 가위로 자른다. ② 2장을 겹쳐서 단춧구멍을 만든다. ③ 2장을 겹쳐서 안에 솜을 넣어 단풍잎 카드를 만든다. 단춧구멍의 반대편에 단추를 단다. ④ 하드보드지와 색지, 패턴그림을 일정한 크기로 잘라 붙인다. ⑤ 색지와 하드보드지를 붙인 패턴그림에 시트지를 씌운다. ⑥ 패턴판 윗부분에 구멍을 뚫어 고리를 끼운다.
활동방법	① 패턴카드 한 장을 넘겨 나뭇잎의 순서를 확인한다. ② 패턴카드의 규칙대로 나뭇잎을 골라서 단추로 연결한다. ③ 다음 패턴카드를 넘겨서 규칙대로 나뭇잎을 골라서 단추로 연결한다. 

5 자료 수집과 결과나타내기 교육활동

만 3~5세 유아들을 위한 수학적 탐구하기 영역의 자료정리와 결과 나타내기 교육활동(1가지 기준으로 분류한 결과 나타내기, 3가지 기준으로 분류한 결과 나타내기, 그림을 사용하여 그래프로 결과 나타내기)들을 제시하였다.

5-1 자료수집과 결과 교육활동

옛날 물건과 오늘날 물건	
대상연령	만 4세
활동목표	1가지 속성으로 물건을 나눌 수 있다.
누리과정	수학적 탐구하기〉 기초적인 자료수집과 결과 나타내기〉 1가지 기준으로 분류한 결과 나타내기
활동자료	시트지, 우드락 2개, 색지 2개(빨간색, 초록색), 옛날 물건과 오늘날 물건 사진 , 찍찍이
제작방법	① 옛날 물건 그림 8가지과 짝이 되는 오늘날의 물건 그림 8가지를 준비한다. ② 물건 그림을 색지에 붙여서 카드로 오린후 코팅한다. ③ 오늘날 물건 카드는 우드락에 붙인다. ④ 옛날 물건 카드는 뒷면에 찍찍이를 붙인다.
활동방법	① 옛날 물건 카드를 유아들이 탐색하게 한다. ② 옛날 물건은 오늘날 어떤 물건으로 바뀌었는지 서로 이야기해 본다 ③ 기본판에서 옛날 물건과 짝이 되는 오늘날 물건을 찾아서 옆에 붙인다. 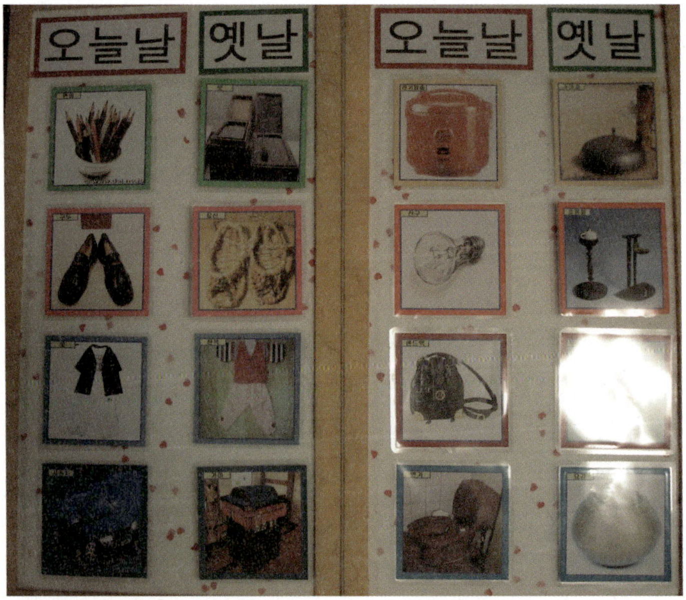

도구 분류하기	
대상연령	만 5세
활동목표	1가지 속성으로 물건을 나눌 수 있다.
누리과정	수학적 탐구하기〉 기초적인 자료수집과 결과 나타내기〉 3가지 기준으로 분류한 결과 나타내기
활동자료	하드보드지, 색상지, 청소 모습 그림, 요리 모습 그림, 빨래 모습 그림, 청소도구 그림, 요리도구 그림, 빨래도구 그림, 찍찍이, 삼각주사위
제작방법	① 하드보드지로 집 모양을 만든다. ② 집 기본판에 3가지 색상지를 잘라 붙인다. ③ 3개 색상지 위에 각각 6개의 찍찍이를 붙인다. ④ 청소도구 그림 6개, 요리도구 그림 6개, 빨래도구 그림 6개를 카드로 만든다. ⑤ 삼각주사위 도안을 그려 자른 후, 3면에 각각 청소하는 그림, 요리하는 그림, 빨래하는 그림을 붙인다.
활동방법	① 유아 3명이 요리, 빨래, 청소 중에 자신이 모으고 싶은 주제를 하나씩 정한다. ② 삼각주사위를 던져 바닥을 열어 본다. 나온 그림이 자신이 모으는 주제 그림이면 카드를 1개 가져간다. ③ 꽝이 나오거나 자신이 모으는 주제가 아니면 카드를 가져가지 않는다. ④ 자신이 모으는 주제 카드 6개를 집기본판에 모두 붙인 사람이 이긴다. 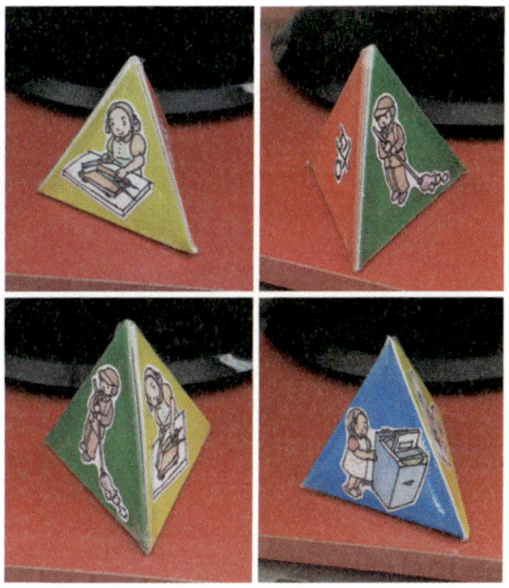

우리가족 그래프놀이	
대상연령	만 5세
활동목표	한 가지 속성으로 물건을 나눌 수 있다.
누리과정	수학적 탐구하기〉 기초적인 자료수집과 결과 나타내기〉 그림을 사용하여 그래프로 결과 나타내기
활동자료	하드보드지, 찍찍이, 가족 그림
제작방법	① 1개부터 10개의 카드를 붙일 수 있는 그래프판을 만든다. ② 그래프판 위에 카드를 붙일 수 있도록 찍찍이를 붙인다. ③ 그래프 1칸에 붙일 수 있는 똑같은 크기로 우리가족 그림카드를 만든다. 우리가족 그림카드는 각 가족마다 똑같은 카드 6개씩 만든다. ④ 그래프 1칸에 붙일 수 있는 똑같은 크기로 우리가족 글자카드를 만든다. 우리가족 글자카드는 각 가족마다 똑같은 카드 6개씩 만든다.
활동방법	① 유아들에게 우리가족 그림카드를 내어 준다. 각 그림카드가 가족 중 누구를 나타내는지 알아 본다. ② 3명의 유아가 가족카드 중에서 자기 가족을 나타내는 그림카드를 가족당 각 4개씩 가져간다. ③ 주제를 정해서 가족카드를 그래프에 붙여 본다. -주제: 좋아하는 음식은 무엇일까요. -우리가족 중 김치를 좋아하는 가족은 누구일까요? 처음 칸에 붙여 보자. -우리가족 중 생선를 좋아하는 가족은 누구일까요? 다음 칸에 붙여 보자. -우리가족 중 우유를 좋아하는 가족은 누구일까요? 다음 칸에 붙여 보자. -우리가족 중 과자를 좋아하는 가족은 누구일까요? 다음 칸에 붙여 보자. ④ 가족카드를 그래프에 다 붙인 후에는 그래프에 나타난 결과에 대해 비교하고 이야기한다. -우리 3명의 가족들이 제일 좋아하는 음식은 무엇일까요? -우리 3명의 가족들이 두 번째로 좋아하는 음식은 무엇일까요? ⑤ 그래프에 나타난 결과에서 아빠카드만 남기고 다른 카드는 떼어 낸다. -우리 3명의 가족들 중 아빠가 제일 좋아하는 음식은 무엇일까요? -우리 3명의 가족들 중 아빠가 두 번째로 좋아하는 음식은 무엇일까요? ⑥ 그림카드 사용이 익숙해지면 글자카드를 사용해 본다.

활동방법

그 래 프
10
9
8
7
6
5
4
3
2
1
형
누나
할머니
동생
오빠
엄마
아빠
형
누나
엄마
동생
언니
아빠
할아버지
엄마
아빠
할아버지
동생
누나
아빠
엄마

6 논리적 그룹게임 교육활동

논리적 그룹게임은 3~4명의 유아들이 모여서 일정한 규칙을 적용하여 인지적 승부를 가르는 활동 형태이다. 이기기 위해서 논리적으로 현재의 상황과 미래의 상황을 비교하고 이해하며, 자신에게 유리한 선택을 하는 것이다.

유아들이 논리적 전략을 세우고 실행하는 경험을 제공하기 위한 논리적 그룹게임 활동을 제시하였다.

6-1 논리적 전략을 활용한 그룹게임

같은 사진 짝맞추기(기억력게임)	
대상연령	만 3세
활동목표	같은 모양을 찾아 대응시킬 수 있다.
누리과정	수학적 탐구하기〉 공간과 도형의 기초개념〉 기본 도형의 공통점과 차이점
활동자료	하드보드지, 색하드보드지, 6가지 물건의 사진 2장씩
제작방법	① 유아들이 평소에 볼 수 있는 물건 6가지의 사진을 각 물건당 두 장씩 준비한다. ② 사진을 하드보드지 위에 대고 사진 크기대로 따라 그린다. ③ 색하드보드지에 그린 선을 따라 칼로 오린다(이때 한쪽면은 오리지 않고 앞뒤로 칼집만 낸다). ④ 다 오린 후 하드보드지가 잘 열리는지 확인하고, 접히는 부분에 색 테이프를 붙여 준다. ⑤ 밑판을 대고, 각 접는 문안에 사진을 1장씩 붙인다.
활동방법	① 카드에 있는 그림을 살펴 본다. ② 문을 열어 보면서 같은 그림을 찾아 본다. ③ 2개의 같은 그림을 찾아 그림이 보이도록 문을 열어 놓는다. ④ 같은 그림을 모두 찾으면 끝난다. 

16장 카드 짝맞추기(기억력게임)	
대상연령	만 4세
활동목표	같은 모양을 찾아 대응시킬 수 있다.
누리과정	수학적 탐구하기〉 공간과 도형의 기초개념〉 위치와 방향
활동자료	하드보드지, 작은 그림, 색상지
제작방법	① 유아들이 좋아하는 작은 그림을 오리고, 검은색 색상지에 원본 그림을 대고 원본과 같은 그림자료를 오린다. ② 원본 그림과 그림자 그림을 하드보드지 카드에 붙인다. ③ 카드의 뒷면 색은 원본그림 카드(8개) 세트와 그림자 카드(8개) 세트가 서로 다른 색이 되도록 한다.
활동방법	① 원본 카드와 그림자 카드는 분리하여 제시한다. ② 유아들이 카드의 모양과 위치를 확인한 후에 모든 카드를 뒤집는다. ③ 돌아가며 원본카드 1개와 그림자카드 1개를 집어서 똑같은 그림을 가져간다. 이때 뒤집어서 짝를 맞추지 못한 경우는, 그 카드를 모두에게 보여 주고 다시 뒤집어 놓는다. ④ 카드를 모두 맞추었을 때, 가장 많은 카드를 가진 유아가 이긴다. 

숫자와 그림 짝맞추기(기억력게임)	
대상연령	만 5세
활동목표	• 1~10까지 수의 의미를 안다. • 수와 개수를 일대일 대응시킬 수 있다.
누리과정	수학적 탐구하기 〉 수와 연산의 기초개념 〉 수의 의미 이해
활동자료	폼보드, 한지, 지름 6cm 우드락 볼, 투명 핀, 목공 풀, 글로스 바니시
제작방법	**(게임판)** ① 폼보드를 잘라 밑판과 윗판과 위에 공간을 만들 모서리 기둥을 자른다. ② 윗판에 20개의 구멍을 낸다. ③ 각각의 판에 한지를 붙인다. ④ 글로스 바니시를 발라 광택을 낸다. ⑤ 목공 풀을 발라 밑판과 윗판과 가운데 모서리 기둥을 붙인다. **(뚜껑)** ① 우드락 볼(지름 6cm)를 우드락 열선 칼로 반을 자른다. ② 자른 우드락 볼을 한지로 싼다. ③ 투명 핀에 목공 풀을 바른 후 꽂아 손잡이를 만든다. ④ 글로스 바니시를 바른다.
활동방법	① 유아 2~3명이 순서를 정한다. ② 이긴 사람 먼저 2개의 뚜껑을 열어 본다. ③ 뚜껑 밑에 수와 그 수가 의미하는 개수의 사물 그림이 같으면, 2개의 뚜껑을 가져간다. ④ 틀리면 다시 뚜껑을 제자리에 올려놓고, 그 다음 순서의 유아가 2개의 뚜껑을 열어 본다. ⑤ 모든 뚜껑이 없어지게 되면, 자신이 가져간 뚜껑의 개수를 세어 본다. ⑥ 뚜껑의 수가 많은 유아가 이긴다.  

윷놀이	
대상연령	만 5세
활동목표	1~10까지 수의 의미를 안다.
누리과정	수학적 탐구〉수와 연산의 기초개념〉 구체물로 빼고 더하기
활동자료	하드보드지, 부직포, 본드, 실과 바늘
제작방법	**윷판** ① 하드보드지를 부직포로 싼다. ② 펠트지를 오려 발의 위를 붙인다. ③ 발을 이어서 선을 그린다. **윷말** ① 부직포를 이용하여 바느질한다. **윷** ① 부직포를 윷 모양으로 잘라서 바느질한다. ② 그 위에 X자 모양으로 4개씩 바느질한다.
활동방법	① 윷, 말, 윷판, 깔개를 준비한다. ② 놀이의 참가하는 사람들의 편을 두 편으로 나눈다. ③ 상대편과 한 사람씩 건너서 둘러앉고 시계 반대 방향으로 순서를 정한다. ④ 윷가락을 던져서 말수가 더 많이 나오는 쪽이 먼저 시작한다. ⑤ 윷을 던져서 나온 결과대로 윷판의 말들을 옮겨간다. • 도) 한 개가 뒤집힌 상태로 한 칸 이동 • 개) 두 개가 뒤집힌 상태로 두 칸 이동 • 걸) 세 개가 뒤집힌 상태로 세 칸 이동 • 윷) 네 개 모두 뒤집힌 상태로 네 칸 이동 • 모) 네 개 모두 엎어진 상태로 다섯 칸 이동 ⑥ 던지는 결과대로 말을 이동시켜 한 바퀴를 돌아 출발점이자 최종점을 빠져나오면 내보낸다. ⑦ 먼저 말 네 개가 모두 윷판을 빠져 나오는 사람이 이긴다. 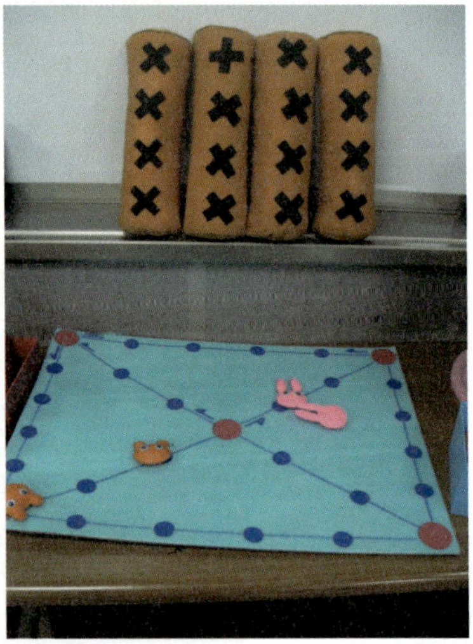

<table>
<tr><th colspan="2">누가 먼저 4개를 나란히 놓을까</th></tr>
<tr><td>대상연령</td><td>만 5세</td></tr>
<tr><td>활동목표</td><td>돌의 위치와 다른 돌의 위치의 논리적 관계를 안다.</td></tr>
<tr><td>누리과정</td><td>수학적 탐구〉 규칙성 이해〉 규칙성을 알고 다음에 올 것을 예측</td></tr>
<tr><td>활동자료</td><td>하드보드지, 색시트지, 투명시트지, 종이점토, 물감, 바니시</td></tr>
<tr><td>제작방법</td><td>① 하드보드지 윗면에 가로 세로 2cm씩의 바둑판 그림을 그린다.
② 흰색 시트지, 검은색 시트지를 각 가로세로 2cm씩 오려서 바둑판 하드보드지에 흰색, 검은색을 번갈아 붙인다.
③ 투명 시트지를 전체에 붙여서 기본판을 완성한다.
④ 종이점토를 동그랗고 납작하게 말모양으로 만들어 말린다.
⑤ 동그란 말이 다 마르면 4가지 색(빨간색, 노란색, 파란색, 검은색) 물감을 칠하고 말린다.
⑥ 동그란 말이 다 마르면 바니시를 발라서 완성한다.</td></tr>
<tr><td>활동방법</td><td>① 4명의 유아가 4개의 말을 나란히 놀이 말을 색깔별로 정한다.
② 말색깔을 정한 후, 누가 먼저 할지 순서를 정한다.
③ 순서대로 한 명씩 돌아가며 각 칸에 말을 올린다.
④ 가로방향, 세로방향, 대각선방향에서 먼저 4개의 말이 나란히 위치하도록 하는 사람이 이긴다.
</td></tr>
</table>

| 부록 |

국가직무능력표준(NCS) 보육 > 언어 · 수과학활동 지도 > 수 · 조작활동 진행하기

<table>
<tr><td>능력단위 명칭</td><td>언어 · 수과학활동 지도</td></tr>
<tr><td>능력단위 정의</td><td>언어 · 수과학활동 지도란 영유아의 의사소통 능력과 수학적 · 과학적 탐구능력을 증진시키기 위하여 언어활동, 문학활동, 수학활동, 조작활동, 과학활동, 감각탐색활동에 필요한 활동자료를 준비하여 영유아의 흥미와 발달 수준에 적합한 보육활동을 지도하는 능력이다.</td></tr>
<tr><td rowspan="4">0703010106_13v1.2
수 · 조작활동 진행하기</td><td>2.1 발달 수준과 주제에 적합한 수 · 조작활동 자료를 구비하여 영유아가 충분히 탐색하도록 지도할 수 있다.
2.2 영유아의 일상생활에서 자연스럽게 수 · 조작 경험을 하도록 지도할 수 있다.
2.3 누리과정의 내용에 근거하여 기초적인 수, 도형, 공간, 측정 등의 개념을 습득하도록 지도할 수 있다.
2.4 영유아의 흥미와 요구에 따라 실물자료, 구체물을 활용하여 수학적 사고를 증진시키도록 지도할 수 있다.
2.5 눈과 손의 협응을 활용하여 자료를 조작해보는 경험을 통해 소근육을 발달시키도록 지원할 수 있다.</td></tr>
<tr><td>【지식】
• 영유아의 수학적 개념 발달 특성
• 영유아의 소근육 발달과 협응력
• 누리과정 자연탐구 영역의 목표와 내용
• 누리과정 신체운동(신체운동 · 건강)영역의 목표와 내용
• 발달에 적합한 수 · 조작 활동의 내용
• 수 · 조작 활동자료 사용방법</td></tr>
<tr><td>【기술】
• 수학활동 지도능력
• 조작활동 지도능력</td></tr>
<tr><td>【태도】
• 영유아의 개별성을 배려하는 자세
• 영유아의 수학적 탐구활동을 격려하는 태도</td></tr>
</table>

적용범위 및 작업상황

고려사항	• 수학활동에는 수활동 · 조작활동 등을 포함한다.
자료 및 관련 서류	• 월간·주간·일일 보육계획안 • 누리과정 • 연령별 어린이집 프로그램 • 영유아 관찰기록
장비 및 도구	• 컴퓨터 • 복사기 • 카메라 • 빔 프로젝터 • 수·조작활동자료
재료	• 교재 • 수·조작활동 용품 • 관련 영상 자료

직업기초능력

순번	직업기초능력	
	주요영역	하위영역
1	의사소통 능력	문서이해 능력, 문서작성 능력, 경청능력, 의사표현 능력, 기초외국어 능력
2	문제해결 능력	사고력, 문제처리 능력
3	자원관리 능력	시간자원관리 능력. 물적자원관리 능력, 인적자원관리 능력
4	대인관계 능력	갈등관리 능력
5	기술 능력	기술이해 능력, 기술선택 능력, 기술적용 능력
6	직업윤리	근로윤리, 공동체 윤리

| 참고문헌 |

고선옥 , 김경신 , 심윤무 , 최달희 (2014). **아동수학교육**. 경기: 공동체.

권영례, 이영자, 이정욱 (1998). 3, 4, 5세 **유아를 위한 수학교육과정 모델 개발의 준거**. 서울: 창지사.

권옥자, 유혜숙, 배인자, 윤애희, 정은주, 박정민 (2001). **유아를 위한 교수공학과 매체**. 서울: 형설출판사.

교육과학기술부 (2008). **유치원 교육과정 해설 III**. 서울: 교육과학기술부.

교육과학기술부 (2012). **연령별 만 3~5세 누리과정**. 경기: 한국시각장애인연합회.

교육과학기술부 (2013a). **3세 누리과정 교사용 지도서 제4권 동식물과 자연**. 경기: 한국시각장애인연합회.

교육과학기술부 (2013b). **4세 누리과정 교사용 지도서 제7권 교통기관**. 경기: 한국시각장애인연합회.

교육과학기술부 (2013c). **5세 누리과정 교사용 지도서 제4권 동식물과 자연**. 경기: 한국시각장애인연합회.

김숙자, 김현정 (2005). **유아 수놀이 교육**. 서울: 문음사.

김숙령 (2000). **유아 수학교육**. 서울: 학지사.

김영실, 김지영 (2002). 유아의 수 세기 능력에 관한 연구. **한국교육**, 29(2), 247-265.

문연심 (2010). **통합적 접근에 기초한 영유아 수학교육**. 경기: 양서원.

박인숙, 박정민 (1993). **창의적 교재·교구 연구**. 서울: 창지사.

박정민, 윤애희 (2000). **오려서 쉽게 만드는 유아놀이교구**. 서울: 다음세대.

박홍자, 박정민, 유연화 (1998), **유아수학교육**. 서울: 한올출판사.

박화윤, 천은영, 이수정 (2005). 자유놀이시간의 교사개입에 의한 모래놀이활동이 유아의 수학성취 및 과학적 탐구능력에 미치는 영향. **한국영유아보육학**, 40, 71-88.

보건복지부 (2013a). **어린이집 누리과정에 기초한 영아보육프로그램 1세: 1권**. 경기: 한국시각장애인연합회.

보건복지부 (2013b). **어린이집 누리과정에 기초한 영아보육프로그램 2세: 1권**. 경기: 한국시각장애인연합회.

보건복지부·교육과학기술부 (2013). 3-5세 **연령별 누리과정 교사용 지침서**. 경기: 한국시각장애인연합회.

보건복지부·육아정책연구소 (2013). **제3차 어린이집 누리과정 0-2세 교사용 지침서**. 서울: 한국시각장애인연합회.

서예석, 김미량, 김현진 (2013). **교재·교구개발**. (사)한국보육교사교육원 편. 서울: 양서원

여성가족부 (2005). **누리과정 연구**. 여성가족부.

윤애희, 박정민 (1996). **유아교사를 위한 교재·교구 연구**. 서울: 다음세대.

윤애희, 박정민 (2009). **영유아교육교수방법 및 교재교구**. 서울: 파란마음.

윤애희, 박정민 (2009). **영유아수학교육**. 서울: 창지사.

이경민 (2002). 유치원 교사의 생애에 대한 기초연구. **유아교육연구**, 22(3), 95-114.

이경민, 이혜경, 이은영 (2015). **영유아수학교육**. 서울 : 학지사.

이경우 (1997). **수학교육을 위한 문학적 접근**. 서울: 다음세대.

이정욱, 유연화 (2014). **유아 수학교육**. 경기: 정민사.

조은영 (1993), 유아의 수 세기 훈련 프로그램이 수 개념과 수학문제 해결력에 미치는 영향. 숙명여자대학교 교육대학원 석사학위논문.

한유미 (2014). **유아수학교육**. 서울: 창지사.

한유미, 오연주 역 (2002). **단계별 포트폴리오 활동의 이론과 실제**. 서울: 다음세대.

한종화 (2003). 탐구중심 유아수학교육 프로그램의 구성 및 적용효과. 중앙대학교 박사학위논문.

한종화 (2011). 수학에 대한 예비 및 현직 유아교사의 태도. **유아교육연구**, 31(2), 5-27.

홍혜경 (2010). **영유아를 위한 수학교육**. 경기: 공동체.

황의명, 조형숙, 서동미(2013). **유아 수학교육**. 경기: 정민사.

Borden, M. L. (1993). *The preschool teacher's use of children's books to introduce and enhance the teaching of mathematical concepts*. Unpublished doctorial.

Boyd. R. A. (2006). *Kindex for one*. NY: Thomson Delmar Learning.

Burk, D., Sinder, A., & Symonds, P. (1993). *Math excurson K: Project-based Mathematics for kindergarteners*. Portsmouth, NH: Heinemann.

Charleworth, R. (2000). *Experience in Math for Young Children* (4th Ed.). Albany, NY: Delmar.

Epstein, A. S. (2007). *The intentional teacher: Choosing the best strategies for young children's learning*. Washington DC: National Association for the Education of Young Children. pp.1-8.

Kennedy, L. M. (1984). *Guiding Children's Learning of Mathematics* (4th Ed.). Beloment, CA : Wadsworth Publishing Compony.

Mix, K., Huttenlocher, J., & Levine, S. C. (2002). *Quantitative development in infancy and early childhood*. NY : Oxford University Press.

National Association for the Education of Young Children and National Council of Teachers of Mathematics (2002). *Early childhood mathematics: Promoting good beginnings*. Position Statement. Retrieved statement 2010. from-332-http://www.naeyc.org/files/naeyc/file/positions/psmath.pdf.

National Research Council (2009). *Mathematics learning in early childhood: Paths toward excellence and equity*. Washington, D.C. : The National Academic Press. http://www.nap.edu/openbook.php?record_id= 12519

Richardson, L., & Salkeld, K. (1995). Transforming mathematics curriculum. In Bredekamp, S. & Rosegrant, T,(Eds.), *Reaching potentials: Transforming early childhood curriculum and assessment* Vol 2. Washington, DC: NAEYC.

Shaw, J., & Blake, S. (1998). *Mathematics for young children*. Columbus, OH: Merill.

Smith, S. P. (1997). *Early Childhood Mathematics*. Needham Heights, MA : Allyn and Bacon.

Whitin, D. J., & Wilde, S. (1997). *Read any good math lately?* Portsmouth, NH: Heinemann.

참고 사이트

http://ko.wikipedia.org/wiki

저자 소개

박정민 이화여자대학교 대학원 유아교육학과 석사
서울여자대학교 대학원 아동학과 유아교육학전공 박사수료
현 경복대학교 영유아보육과 교수
저서: 교수공학 및 매체(공저), 유아과학교육(공저), 영유아수학교육(공저),
영유아교수방법과 교재교구(공저) 등 다수

박미경 이화여자대학교 대학원 유아교육학과 석사
이화여자대학교 대학원 유아교육학과 박사
현 경복대학교 영유아보육과 교수
저서·논문: 자유선택활동 바로 알기(공저),
근거이론에 의한 유아교사의 다문화교육 효능감 형성과정 분석(논문) 등 다수

아동수학교육

초판 1쇄 발행 2016년 2월 29일
초판 2쇄 발행 2018년 1월 10일

지 은 이 | 박정민·박미경
펴 낸 이 | 김기섭
책임편집 | 김지연
펴 낸 곳 | 창지사 www.changjisa.com
08589 서울시 금천구 가산디지털1로 83 파트너스타워 1차 9층
전화 (02) 719-2211~3
팩스 (02) 701-9386
등 록 | 1977년 4월 28일·제1-421호

ISBN 978-89-426-0808-9 (93370)

값 16,000원

이 도서의 국립중앙도서관 출판예정도서목록(CIP)은 서지정보유통지원시스템 홈페이지(http://seoji.nl.go.kr)와 국가자료공동목록시스템(http://www.nl.go.kr/kolisnet)에서 이용하실 수 있습니다.(CIP제어번호: CIP2016005709)